대한민국,
누구를 위한
민주주의인가?

잠든 민주주의를 깨우는 날카로운 질문!

대한민국, 누구를 위한 민주주의인가?

진병춘 지음

트러스트북스

민주주의의 3대 원리와 새로운 대한민국

2017년 3월 10일 11시 21분 대한민국 제18대 대통령 박근혜가 파면되었다. 대한민국 정부가 수립된 후 대한민국의 대통령은 총 11명이 있었다. 초대 이승만 대통령, 2공화국 내각책임제 하의 윤보선 대통령, 5.16 군사 쿠데타로 집권하였다가 핵심 측근의 총탄으로 사망한 박정희 대통령은 박근혜 대통령의 아버지이기도 하다. 박정희 사망 후 잠시 대통령을 맡았던 이가 최규하이다. 5.18 광주민중항쟁을 짓밟고 등장한 5공화국 대통령 전두환이 있었고, 현행 헌법에 따라 선출된 대통령이 노태우, 김영삼, 김대중, 노무현, 이명박, 박근혜이다.

이승만은 국민의 손으로 끌어내려져 미국으로 망명을 떠났다. 박정희는 측근의 총탄으로 사망하였고, 전두환과 노태우는 내란 혐의로 대한민국 법정에서 사형을 선고받았다. 노무현 대통령은 퇴임 후 검찰 조사 과정에서 스스로 목숨을 끊었다. 다른 대통령들도 말년이 그렇게 행복하지는 못하였다. 퇴임한 대통령으로 국민 대다수의 존경과 지지를 그대로 유지하고 있는 사람이 없다. 거의 대부분의 대통령들이 측근비리나 권력남용의 혐의를 받았고, 주변 사람들이 구속되었다.

87년 이후는 헌법적으로 6공화국에 해당한다. 87년 민주화 항쟁으로 5년 단임 대통령제를 핵심으로 하는 헌법을 기반으로 하고 있다. 박근혜 대통령의 탄핵은 박근혜 대통령 개인에 대한 탄핵일 뿐만 아니라 6공화국 전체에 대한 문제제기이기도 하다. 정치권과 국민 대다수는 새로운 헌법과 새로운 정치제도가 필요하다는 것에 공감한다.

박근혜 대통령을 탄핵한 이번 헌법재판소 판결문에서 안창호 재판관이 보충의견을 내었다. 안창호 재판관은 박근혜 대통령이 임명한 사람으로 보수적 성향을 가지고 있고, 헌재의 이번 박근혜 대통령 탄핵심판 과정에서 기각의견을 낼 수도 있는 사람으로 여겨지기도 하였다.

그런데 내가 본 안창호 재판관의 보충의견은 대단히 파격적이었다. 안창호 재판관은 자신의 보충의견을 통해 "1987년 대통령 직선제 헌법 개정으로 대통령 '권력형성'의 민주적 정당성 측면에서는 획기적인 변화가 있었지만, 대통령 '권력행사'의 민주적 정당성 측면에서는 과거 권위주의적 방식에서 크게 벗어나지 못하고 있다. 이러한 현행 헌법의 권력구조는 피청구인의 리더십 문제와 결합하여 '비선조직의 국정개입, 대통령의 권한남용, 재벌기업과의 정경유착'과 같은 정치적 폐습을 가능하게 하였다"라고 주장하였다.

그러면서 현재 우리나라의 제왕적 대통령제가 ①고위 공직자들이 대통령의 의사결정과 지시에 복종하기만 할 뿐 다른 의견을 자유롭게 개진하기 어렵다는 점, ②대통령의 자의적 권력행사를 통제하기 어려운 점, ③승자독식 다수대표제로 인해 정치권력을 중심으로 극한 대립과 투쟁으로 분열을 낳은 점, ④이념대립과 지역주의를 부추겨 사회적 갈등을 유발하는 점, ⑤국가정책의 결정이 절차를 거쳐 공정하게 이루어지는 것이 아니라 대통령의 사적·당파적 이익에 따라 자의적으로 이루어지는 점 등을 지적하였다.

특히 안창호 재판관의 '정치권력은 주권자인 국민으로부터 멀어지는 집권화 경향을 띠고, 집권화는 절대주의를 지향하며, 절대권력은 반드시 부패한다. 더욱이 전문적이고 복잡다기한 현대 국가의 방대한 정책과제를 대통령 개인의 정치적 역량에 맡기는 것은 오히려 비효율을 초래할 수 있다'라는 주장과 '과도하게 집중된 대통령 권력을 분권하는 과정에서 국회나 지방자치기관에 분산된 권력은 국민소환제·국민발안제·국민투표제 등 직접민주제적 요소의 강화를 통해 통제되는 방안이 적극적으로 검토되어야 한다. 권력구조의 개혁은 주권자인 국민의 의사가 충실히 반영되도록 설계된 국민참여과정을 거쳐야 한다. 이는 정치세력 사이의 권력투쟁이나 담합의 장으로 전락하지 않고 이성적 대화와 숙의가 이루어지고 다수 국민의 의사가 수렴되는 민주적 공론화 과정이 되어야 한다'라는 주장은 이 책에서 다루고자 하는 핵심 주제이다.

필자는 이 책의 3장에서 국민주권의 원리를 토대로 국민투표제·국민발안제·국민소환제를 다루고 있다. 우리 사회의 보수적 성향을 대표한다고 볼 수도 있는 안창호 헌법재판소 재판관의 주장을 보면서 이제 우리 대한민국의 민주주의가 그야말로 제대로 실현될 가능성이 있겠구나 하는 생각이 들어 참으로 기뻤다.

촛불집회는 총 20회 정도가 진행되었고, 연인원 1500만 명이 넘게 참여하였다. 그런데 단 한 건의 불상사도 없었고, 단 한 명의 연행자도 없었다. 이제껏 세계사에 없던 일이 발생한 것이다. 이 때문에 해외언론에서는 우리나라 민주주의와 우리나라 국민들에 대한 경외와 새로운 민주주의가 대한민국에서 새롭게 펼쳐질 수 있을 것이라는 기대들이 나오고 있다.

그러나 대한민국이 지금에 오기까지의 역사는 수많은 피와 희생으로 얼룩져 있다. 4.19 혁명, 5.18 민주화항쟁, 6.10 민주항쟁은 국민들의 손으로 민주주의를 회복한 위대한 저항이었다. 그리고 이들 저항은 단순히 해당 시기에 국민들이 들고 일어났던 것에 그치지 않는다. 작은 저항들이 있었고, 수많은 사람들의 희생이 바탕에 있었다. 87년 이후 이번 박근혜 대통령 탄핵까지 많은 사람들의 투쟁이 있었다. 박근혜 정부만 보더라도 선거 과정에 있었던 국정원불법여론조작사건, 세월호참사사건 등의 진상규명과 책임자 처벌을 요구하는 저항들이 계속되었다.

권력은 언제나 영속과 확장을 추구한다. 사람은 누구나 권력욕이 있지만, 특히 대통령의 지위까지 오르게 된 사람들은 당연히 권력욕이 보통 사람들에 비해서는 크다고 보아야 한다. 게다가 대통령 주변의 사람들 역시 비슷한 성향을 가지고 있다. 야당의 한 정치인이 "이명박, 박근혜의 선의를 믿는다"고 하여 심한 비판을 받은 적이 있다. 사람이나 집단의 행동은 의도로만 이뤄지지는 않는다. 오히려 마음 깊이 잠재되어 있는 욕망이 실제 의식하든 의식하지 못하든간에 행동의 동기가 되는 경우가 많다. 권력욕은 '내가 옳다, 나는 선의를 가지고 있다, 국민을 위해 내가 필요하다'라는 자기 최면을 낳고, 권력에 가까운 주변 사람들은 그 자기 최면을 부추긴다. 이 때 권력자가 잘못되었다고, 다르다고 비판하는 사람들이 필요하다. 이 사람들은 물러나야 한다고, 그 정책은 잘못되었다고 권력자를 향해 항의하고 자신의 항의에 동참할 사람들을 모은다. 권력자와 그 측근들은 당연히 비판자를 못마땅하게 여기고 탄압한다. 그런데 나를 비판해서 탄압한다고 하기에는 명분이 없으니, 국가 안위를 위해서, 경제발전을 위해서, 민주주의를 위해서라고 탄압을 포장한다.

저항의 과정에서는 항상 시대에 앞서 국민 다수보다 먼저 나서는 사람들과 집단들이 있게 마련이다. 이들의 생각과 주장은 당시 사람들에게는 생경하게 느껴진다. 권력자들은 먼저 나서는 사람들과 집단들을 탄압하게 마련이고, 그 탄압은 우리나라의 경우 국가보안법이나 집회및시위에 관한 법률, 내란, 내란음모, 내란선동 등의 이름으로 정당화되었다. 가장 최근에는 이석기의 '내란음모 없는 내란선동죄'가 대표적이다.

내란선동이란 무엇인가? 내란을 준비하고 실행에 옮기는 단계에서 그 실행의 효과를 극대화하기 위한 수단이다. 예컨대 무장반란을 앞에 둔 지휘자가 자신들의 병사들 앞에서 "국가를 위해 총을 들자"라고 연설하는 것이 내란선동인 것이다. 즉, 내란선동죄는 반드시 내란의 실행 단계에서만 가능한 범죄이다. 그 외의 모든 평상시의 주의주장은 그것이 아무리 과격해도 그냥 듣고 생각하면 될 문제이다. 진보당의 경기도당 모임에서 있었던 90분간의 강연과 1시간 남짓 토론이 대한민국을 내란의 위험으로 빠뜨릴 확률은 없다. 이제 대한민국의 국민들은 누구에게 선동되거나 어떤 이론으로 잘못된 판단을 내릴 만큼 우매하지 않다. 양심의 자유는 천부인권으로써 민주주의 제도를 통해 지키고자 하는 목적이기도 하면서 동시에 민주주의 제도를 지킬 수 있는 강력한 수단이기도 하다. 양심의 자유는 정치적으로는 언론출판의 자유와 집회결사의 자유로 표현된다. 책의 4장을 통해 나는 양심의 자유와 언론출판의 자유, 집회결사의 자유를 다룬다.

민주주의 제도 하에서 권력은 단 하나 국민에게만 존재한다. 나머지는 국민주권으로부터 위임받는 권한에 불과하다. 행정권, 입법권, 사법권이 모두 그러하다. 국민들이 권한을 위임할 때는 위임자에게 2가지를 기대한다. 하나는 그 권한을 잘 행사해서 국민들의 삶이 더 나아지기를 원한다. 즉 문화체육관광부 장관에게는 그 주어진 권한을 잘 사용해서 대한민국의 문화와 체육과 관광을 잘 발전시키기를 기대하는 것이다.

그런데 대한민국 장관들이 그러한가? 본래의 권한 행사보다는 단지 '가문의 영광'을 위한 사리사욕과, 아무런 전문성도 아무런 정책 의지도 없는 사람들이 단지 대통령과 가깝다는 이유로, 대통령 당선에 기여했다는 이유로 내려꽂힌다. 인사청문회 때마다 국민들은 분노한다. 장관의 물망에 오르는 사람치고 도덕과 양심과 능력이 인정되는 경우가 많지 않다. 대한민국에 그렇게 사람이 없는가? 그러다 보니 장관은 국민을 생각하고 자기가 맡은 권한을 행사해서 정책을 잘 하기보다는 임명권자인 대통령만 쳐다본다. 이런 장관 밑에 있는 공무원들은 또 일을 얼마나 잘하겠는가? 장관의 령도 잘 안 설 것이고, 어차피 왔다 갈 사람이니 잘 보여서 승진을 하거나 나와 잘 맞지 않는 장관이면 복지부동으로 버티면 그만이라는 생각일 뿐이다. 제대로 된 정책이 나오기가 매우 어렵다.

국민들이 권한을 위임할 때는 두 번째로 그 권한을 넘어서는 불법이 없을 것이라는 기대를 한다. 그런데 현실은 어떤가? 이번에 박근혜의 핵심 탄핵 사유가 측근의 사욕을 위한 권한남용이다. 탄핵된 대통령 외에 다른 사람들은 그런 죄가 없었을까? 김기춘, 우병우, 조윤선 등 구속된 사람들만 권한을 남용했을까? 당연히 아니라고 본다.

권한은 먼저 잘 사용되어야 한다. 그리고 권한은 남용되어서도 안 된다. 이를 위해서는 권한은 국민으로부터 나와야 하고, 권한은 적절하게 분배되어야 하며, 권한은 국민의 눈 앞에서 통제되어야 한다. 책의 5장에서 나는 권한의 근원과 분배와 통제에 대해 다루었다.

박근혜 대통령의 탄핵이 결정되기까지 무수히 많은 사람들이 촛불을 들고 무수히 많은 날들을 광장에 나섰다. 나 역시 그 중 한 사람이다. 때론 대학생 아들과 함께 하기도 하고, 때론 더불어 이 시대를 살아온 친구들과 함께 하기도 하였다. 이 책은 촛불 시민의 한 사람으로 나의 마음을 담았고, 또 광장에서 함께 한 나의 아들, 나의 친구들, 그리고 이름도 모르고 성도 모르지만 함께 하였던 수많은 시민들의 마음을 담고자 노력하였다.

박근혜를 탄핵하고 새로운 대통령을 뽑으면 이제 모든 문제가 해결될까? 당연히 아니다. 그리고 대다수 국민들도 새로운 대통령에게 기대를 갖겠지만, 그 것으로 모든 문제가 다 끝났다고 생각은 하지 않을 것이다. 문제는 결국 주인이 해결해야 한다. 박근혜를 탄핵한 사람들, 이승만 정권을 무너뜨린 사람들, 박정희의 종신 독재를 끝장낸 사람들, 총칼로 무장한 군부에 맞서 민주주의를 쟁취한 사람들. 이 사람들이 대한민국의 주인이고 이 사람들이 나설 때 대한민국의 문제가 해결된다.

이 책은 이런 대한민국 주인의 마음을 담아 주인의 한 사람으로서 썼다. 1장은 고대 아테네이 민주주의 제도로부터 시작해서 민주주의의 3가지 원리(국민주권, 양심의 자유, 권한의 적절한 위임과 배분과 통제)에 대한 역사적인 해석들을 담았다. 2장은 대한민국 정부 수립으로부터 시작해서 박근혜 대통령이 탄핵에 이르기까지의 대한민국 민주주의의 좌절과 승리의 역사를 살펴보았다. 1장과 2장은 3장, 4장, 5장을 통해, 혹은 이 책을 통해 독자와 함께 나누고 싶은 주제들을 위해 공통된 인식을 확인하고자 썼다. 건물을 올리기 전 토대를 다지는 과정이라 보면 된다. 정치학 개론서 정도에 나오는 용어들과 개념들이 있어 익숙하지 않은 분들에게는 조금 낯설 수 있다. 그러나 어려운 내용들은 아니니 조금 재미가 떨어져도 참고 읽어주길 바란다.

3장, 4장, 5장은 하고 싶었던 이야기들을 마음껏 풀어보았다. 독자분들이 공감할 내용도 있을 수 있고, 터무니없다고 비판할 주장도 있다. 또는 타당하지만 아직은 성급하다고 여길 내용도 있을 것이다. 어디선가 들어본 이야기도 있을 것이고, 누구도 언급조차하지 않았던 내용들도 있다. 촛불 시민 한 사람이 자신이 가지고 있는 생각을 그냥 자유롭게 풀어 쓴 글이라 생각하고 '아 이런 식으로도 생각할 수 있구나' 하고 너그럽게 이해해주시고 읽어주었으면 한다.

차례

1부

**민주주의란
무엇인가?**
– 민주주의의
3대 원리

민주주의란 무엇인가?

─ 민주주의의 3대 원리

아테네이의
직접 민주정

정치학자들은 고대 그리스의 도시국가 아테네이에서 시행된 민주주의를 현대 민주주의의 원형이라고 주장한다. 그 주장이 맞는지를 떠나서 민주주의가 무엇인지를 알기 위해서 먼저 아테네이의 민주주의를 살펴보는 과정이 필요하다.

아테네이가 처음부터 민주주의 제도를 가지고 있었던 것은 아니었다. 도시국가인 아테네이는 계급사회로 귀족, 시민, 노예로 구성되어 있었다. 기원전 6세기 무렵까지 아테네이는 귀족들이 통치하고 있었다. 귀족 출신의 최고 수장인 아르콘과 전직 아르콘들로 자동 구성되는 아레이오스 파고스가 행정과 사법 입법의 3대 권력을 모두 쥐고 있었다. 다수의 시민들은 귀족들의 노예나 별반 차이 없는 상태에 놓여 있었다. 기원전 621년에는 아예 법령으로 '누구에게도 우선

하는 귀족 권력'을 표방하는 법령이 만들어지기도 했다. 극심한 빈부 격차와 고리대로 인해 아테네이의 시민 다수는 채무 노예 상태에 빠졌다.

이런 상황에서 아테네이는 혁명의 기운이 점점 높아져가고 있었고, 서로가 서로를 향해 피를 부르려 할 시점에 비로소 아테네이 귀족과 시민 사이에 대 타협이 시도된다. 이 대 타협의 결과 비록 귀족 출신이지만 정의감이 있었던 솔론이 당시 아테네이 사법부의 최고 수장인 아르콘으로 추대되어 새로운 개혁을 추진할 권한을 부여받았다.

기원전 594년 아르콘으로 추대된 솔론은 귀족들에게 사회, 정치, 경제 전반의 양보를 요구하였다. 솔론의 개혁으로 모든 채무 노예가 해방되었고, 또 채무로 노예가 되는 것도 금지되었다. 노예가 아닌 모든 자유민들에게 시민권이 부여되었고, 이들 시민들이 모두 참여하는 에클레시아라는 민회가 생기면서 아테네이의 최종 의사결정권을 갖게 되었다. 솔론의 개혁으로 아테네이의 민주정이 시작된 것이다.

솔론 이후 페이시스트라토스가 권력을 쥐었으나, 페이시스트라토스는 자신의 아들에게 권력을 세습시키려는 시도를 하다가 권력에서 쫓겨난다. 페이시스트라토스가 몰락 한 후 클레이스테네스가 등장하였다. 그는 아테네이에 여전히 계급 간 차별이 존재하는 것을 반대하였다. 페이시스트라토스는 "주권이 진정 민중에게 있다면 아테네이에 대한 권리도 당연히 민중이 행사해야 한다. 권력(크라토스)은 민중(데모스)에게 있다. 아테네이는 민주주의(데모크라토스)가 되어야 한다"고 주장하였다.

클레이스테네스의 주장은 귀족들의 거센 반발에 부딪히고, 신변에 위협을 받게 되어 아테네이를 떠나 도주한다. 클레이스테네스가 도주한 사이 귀족들은 그 때까지 진행되었던 모든 민주주의적 개혁을 전면 취소하려 하였다. 이런 민주주의적 개혁의 전면 취소는 아테네이와 쌍벽을 이루며 그리스 전역의 패권을 다투던 스파르타와의 타협 속에서 진행되고 있었다. 이런 움직임에 분노한 시민들은 민주주의를 지키기 위해 봉기하였고, 결국 아테네이 귀족들은 시민들의 요구에 굴복하게 된다. 클레이스테네스가 귀환하여 최고 수장인 아르콘으로 취임한다.

클레이스테네스는 18세 이상 모든 남성 시민을 호적에 등록하게 하고 참정권을 부여한다. 클레이스테네스는 귀족들로 구성된 아레이오스 파고스의 입법기능을 없애고 사법기능만을 수행하도록 하였으며, 구성원도 전임 아르콘들로 구성되는 방식에서 귀족들 사이의 추첨을 통해 선발하도록 하였다.

클레이스테네스는 권력자의 속성을 잘 알고 있었다. 권력을 장악하고 영속화하려는 시도를 막기 위해서 클레이스테네스가 도입한 제도가 바로 도편추방제였다. 도편추방제는 아테네 시민들에 의해 권력을 남용하였거나 남용할 소지가 있다고 판단되는 사람들의 이름을 도자기 파편에 적어 제출하도록 하였고, 가장 이름이 많이 나온 사람은 10년간 아테네이에서 추방되도록 하였다. 무분별한 남용을 막기 위해 도편추방은 최소 6천 명 이상이 넘은 경우에 시행하였다.

아테네이는 기원전 417년까지 시행된 도편추방을 통해 모두 11명을 추방했다.

아테네이에서 시행된 민주주의는 입법, 행정, 사법의 각 부로 구성되어 있었다. 가장 중요한 주권기관은 민회인 에클레시아였다. 에클레시아에 참여할 수 있는 권리는 20세 이상의 성인 남성으로 2년간의 군사 복무를 마친 사람들에게 주어졌다. 민회에서 논의되고 결정하는 사항은 선전포고, 외국인에 대한 시민권 부여, 행정을 담당할 공무원의 임명, 법의 재정, 도편 추방 등이었으며 사실상 민회에서는 거의 대부분의 정치적 결정이 가능하였다.

민회의 의사 결정 방식은 특정 쟁점을 두고 찬반 연설을 진행한 후 손을 들어 찬반을 의결하는 것이 기본이었으나, 기타 흰색과 검은색의 조약돌을 사용하는 방식도 사용하였다. 도편 추방의 경우에는 도자기 파편을 사용하기도 하였다.

민회는 구성원 각자가 권리를 행사하는 방식으로 현대 민주주의와는 다르게 정당의 개념은 없었다. 민회의 의사결정은 최소 6천명 이상이 참석하였을 때 가능하였다.

민회는 도입 초기인 기원전 5세기 초 중반까지는 1년에 10회의 정기 민회가 개최되었고, 필요할 때마다 임시회가 열렸다. 민회가 개최되는 횟수는 점점 늘어 5세기 후반에는 연간 40회의 회의가 열렸다.

민회는 대체로 프닉스 언덕에서 열렸고, 민회가 개최될 때 프닉스 언덕에는 붉은 밧줄이 걸렸다. 민회에 참석하는 사람들에게는 붉은 옷을 나눠주어 입게 하였다. 기원전 403년 이후에는 민회에 참석한 사람들에게 급여가 지급되기도 하였다. 급여는 선착순으로 6천명까지 지급되었다.

아테네이의 행정은 민회의 보좌기관인 500인회의 구성원들과 기타 추첨 혹은 선거를 통해 임명되는 연간 1100명의 공무원들이 담당하였다. 솔론의 개혁 시절 민회를 보좌할 기구로 사백인회를 구성하였는데, 클레이스테네스의 개혁 이후 100명이 추가되어 오백인회가 되었다. 오백인회는 민회에서 논의할 안건 선정, 재정관리, 군대의 유지 보수 및 지휘, 선출직 행정관들의 업무 성과 평가, 외국 대사 영접, 군대의 총 사령관인 스트라테고스에 대한 군사적 조언, 기타 민회에서 위임한 긴급한 사안의 처리 등을 담당하였다.

민회의 구성원을 제외한 나머지 공무원들은 대체로 추첨에 의해 선발되었고, 약 100명 정도를 선거를 통해 뽑았다. 민회가 20세 이상이었던 것과 달리 공무원들은 30세 이상의 시민 중에서 1년 단위로 선발하였고, 특별히 전문성을 요구하는 군대 사령관만은 예외로 하였다. 공무원의 연임은 금지되었다.

아테네이의 사법은 아테네이를 구성하던 10개 부족에서 각각 600인을 선정하여 총 6000명의 배심원단에 의해 이뤄졌다. 배심원은 공무원과 동일하게 30세 이상의 시민들 중에서 선출되는 배심원에 의해 운영되었다. 민회가 20세 이상의 시민들이 참석할 수 있었던 것에 비해 사법과 공무원이 30세 이상이었던 것을 보면 사법부와 공무원의 전문성이나 역할, 권위 등을 상대적으로 비중 있게 평가했던 것으로 보인다.

배심원으로 선출되는 시민은 민회에 출석할 수 없었다. 다른 공무원들과 달리 배심원들은 탄핵 소추할 수 없었고, 피고 또는 원고가 배심원을 비난하는 것은 금지되었다.

재판은 크게 개인 사이의 다툼을 다루는 디케와 공적 사안을 심판하는 그라페파라노몬의 두 가지로 구분되었다. 디케의 심판은 200인의 배심원단 또는 소송 금액이 1000드라크마를 초과하는 경우는 401명으로 구성되는 배심원단에서 이뤄졌다. 그라페파라노몬의 심판은 최소 501명 이상의 배심원단에서 이뤄졌다.

재판이 열리면 10개 부족 600명씩 총 6000명의 배심원 중에서 추첨을 통해 재판에 필요한 배심원을 선정하게 된다. 재판에서는 사건의 소송당사자들에게 각각 한 차례씩의 연설 기회가 주어졌다. 연설 시간은 물시계로 측정되어 제한되었다. 먼저 원고가 연설을 통해 재판 이유 및 재판에 따른 피고에 대한 형벌을 명시하고, 이에 대해 피고가 반론하는 방식이었다. 공공 재판의 경우에는 원고와 피고에게 각각 3시간을 주었고, 개인 간의 소송은 그보다는 적은 시간이 주어졌다. 원고와 피고의 연설이 끝나면 바로 배심원단의 투표가 시작되어 투표 결과에 따라 최종 결론이 내려졌다.

재판은 하루에 다 마무리되도록 하였고, 특히 일몰 전에 완료되도록 규정되어 있었다. 개인 간의 소송은 당사자 혹은 그의 가족만이 제기할 수 있고, 공공 재판은 시민권을 가진 사람은 누구라도 재판을 요구할 수 있었다. 재판은 원칙적으로 단심제였으나, 소송 당사자 중 어느 일방이 새로운 증인을 내세워 재심을 청구할 수 있었다.

현대 사법 체계는 민법과 형법으로 구분되며 형법의 경우는 검사가 기소 독점권을 갖는다. 재판은 전문성을 가진 판사에 의해 결정되고, 일부 국가에서는 배심원제를 두어 유죄와 무죄를 결정하도록 되어 있다. 이런 현대 사법 체계와 비교해보면 아테네이의 사법은 현대보다는 훨씬 민주주의의 근본 원리에 부합하는 측면이 있는 것처럼 보인다.

아테네이 민주주의의 특징은 자유로운 시민이라면 누구나 입법, 사법, 행정에 참여할 수 있다는 점이었다. '원하는 어떤 사람이라도'를 뜻하는 그리스어 '호 보울로메노스'는 참정권이 있는 모든 시민에게 주어진 권리로 아테네이 민주주의를 특정하는 대표적인 표현이다. 시민은 누구나 개인의 자격으로 민회에서 연설하였고, 법안을 발의할 수 있었으며, 공공 재판을 제기하거나 재판관의 일원으로 투표에 참여할 수 있었다.

아테네 민주주의는 개인의 직접적 참여가 너무나 당연하게 여겨졌다. '바보'를 의미하는 영어 idiot라는 단어의 어원은 그리스어 ἰδιώτης(이디오테스)에 두고 있다. ἰδιώτης(이디오테스)는 정치에 관심을 두지 않는 사람이란 의미를 담고 있었다.

아테네이 민주정의 역사에서 뚜렷한 족적을 남긴 페리클레스는 펠로폰네소스 전쟁의 전사자 장례 연설에서 다음과 같이 말하였다.

"우리는 정치에 관심 없는 사람더러 자신의 일을 명심하고 있다고 말할 수 없습니다. 우리는 그 사람이 여기서 할 일은 아무것도 없다고 말합니다."

왕권신수설과
국민주권

민주주의는 영어로는 democracy이며 그 어원은 고대 그리스어 demos 와 kratos의 합성어인 democratos이다. demos는 민중이라는 뜻이고, kratos는 권력, 지배를 뜻한다. democratos에서 kratos를 직역하면 제 도 정체 등이 될 것이다. 때문에 democracy는 직역하여 민주정, 민주 제도 정도가 맞다.

민주주의 제도가 근대 유럽에서 탄생할 때 유럽은 전제적 왕권 통 치가 일반적이었다. 왕에게 주권이 있었고, 국민들은 왕의 신하로서 왕의 처분에 운명이 결정되는 하찮은 존재로 여겨졌다.

3세기 로마의 법학자 도미티우스 울피아누스는 "황제가 선포한 것 은 무엇이든 법의 효력이 있다. 사람들은 그들 자신의 권위과 권력을 황제에게 주었다"라고 주장하였다.

1603년 엘리자베스 1세의 뒤를 이어 스코틀랜드 국왕 제임스 1세 (재위 1603~1625)는 1598년에《자유로운 군주국가의 참된 법률》이라는 책을 통해 "참된 군주는 신에 의해 창조된 것으로서 오직 신에 대해서만 책임을 진다. 군주는 법률을 제정하고 또 그것에 효력을 부여하는 자로서 법률을 초월하기 때문이다. 국가의 온갖 다른 권력은 그 권력을 국가로부터 받는 것이며, 군주에 절대로 복종해야 하는 의무가 있다"고 주장하였다.

민주주의는 바로 이런 왕권을 근본적으로 뒤엎는 혁명적 변화를 통해 '주권이 국민에게 있다'는 원리를 기반으로 만들어졌다. 근대 민주주의의 출발은 영국에서 왕권을 견제하기 위해 만들어진 의회였다. 영국 국민들과 의회는 권리청원, 권리장전 등의 문서를 통해 입헌군주제를 도입한다.

미국의 독립전쟁은 국민에게 주권이 있다는 민주주의의 근본 원리를 혁명적으로 정립하였다. 모국 영국과의 전쟁을 통해 미국 인민들은 당시 영국 국왕 조지 3세에게 있던 주권을 미국의 인민들에게 가져왔다. 1776년 7월 4일 대륙회의에서 공포되어 전세계에 미국의 독립을 선포한 독립선언서에는 다음과 같은 내용이 담겨 있다.

"모든 사람은 평등하게 태어났고, 조물주는 몇 개의 양도할 수 없는 권리를 부여하였으며, 그 권리 중에는 생명과 자유와 행복의 추구가 있다. 이 권리를 확보하기 위하여 인류는 정부를 조직하였으며, 이 정부의 정당한 권력은 인민의 동의로부터 유래하고 있는 것이다. 또 어떠한 형태의 정부든 이러한 목적을 파괴할 때에는 언제든지 정부를 변혁 내지 폐지하여 인민의 안전과 행복을 가장 효과적으로 가져올 수 있는, 그러한 원칙에 기초를 두고 그러한 형태로 기구를 갖춘 새로운 정부를 조직하는 것은 인민의 권리이다."

독립선언서 작성을 주도하였던 벤저민 프랭클린은 "자유 정부에서 집권자는 종이며 인민이 집권자의 주가 되고 권력을 가진다"고 주장하였다.

국민주권 혹은 인민주권이 가장 극적으로 정립된 계기는 1789년의 프랑스 대혁명을 통해서였다. 프랑스 대혁명이 한창 진행 중이던 1789년 8월 26일, 프랑스 인권선언(인간과 시민의 권리선언)이 선포된다. 프랑스의 인권선언은 근대 민주주의의 근본 원리를 담고 있었다. 다음은 프랑스 인권선언의 전문이다.

국민 의회를 구성하고 있는 프랑스 인민의 대표자들은 인권에 관한 무지·망각 그리고 멸시가 오로지 공공의 불행과 정부 부패의 모든 원인이라는 것에 유의하면서, 하나의 엄숙한 선언을 통하여 인간에게 자연적이고 불가양이며, 신성한 제 권리를 밝히려 결의하거니와, 그 의도하는 바는, 사회체의 모든 구성원이 항시 이 선언에 준하여 부단히 그들의 권리와 의무를 상기할 수 있도록 하며, 입법권과 행정권의 제 행위가 수시로 모든 정치제도의 목적과의 비교에서 보다 존중되게 하기 위하여, 시민의 요구가 차후 단순하고 명확한 제 원리에 기초를 둔 것으로서, 언제나 헌법의 유지와 모두의 행복에 이바지할 수 있도록 하는 것이다. 따라서, 국민 의회는 지고의 존재 앞에 그 비호 아래 다음과 같은 인간과 시민의 제 권리를 승인하고 선언한다.

제 1 조, 인간은 권리에 있어서 자유롭고 평등하게 태어나 생존한다. 사회적 차별은 공동 이익을 근거로 해서만 있을 수 있다.

제 2 조, 모든 정치적 결사의 목적은 인간의 자연적이고 소멸될 수 없는 권리를 보전함에 있다. 그 권리란 자유, 재산, 안전, 그리고 압제에의 저항 등이다.

제 3 조, 모든 주권의 원리는 본질적으로 국민에게 있다. 어떠한 단체나 개인도 국민으로부터 명시적으로 유래하지 않는 권리를

행사할 수 없다.

제 4 조, 자유는 타인에게 해롭지 않은 모든 것을 행할 수 있음이다. 그러므로 각자의 자연권의 행사는 사회의 다른 구성원에게 같은 권리의 향유를 보장하는 이외의 제약을 갖지 아니한다. 그 제약은 법에 의해서만 규정될 수 있다.

제 5 조, 법은 사회에 유해한 행위가 아니면 금지할 권리를 갖지 아니한다. 법에 의해 금지되지 않은 것은 어떤 것이라도 방해될 수 없으며, 또 누구도 법이 명하지 않는 것을 행하도록 강제될 수 없다.

제 6 조, 법은 일반 의사의 표명이다. 모든 시민은 스스로 또는 대표자를 통하여 그 작성에 협력할 수 있는 권리를 가진다. 법은 보호를 부여하는 경우에도 처벌을 가하는 경우에도 모든 사람에게 동일한 것이어야 한다. 모든 시민은 법 앞에 평등하므로 그 능력에 따라서, 그리고 덕성과 재능에 의한 차별 이외에는 평등하게 공적인 위계, 지위, 직무 등에 취임할 수 있다.

제 7 조, 누구도 법에 의해 규정된 경우, 그리고 법이 정하는 형식에 의하지 아니하고는 소추, 체포 또는 구금될 수 없다. 자의적 명령을 간청하거나 발령하거나 집행하거나 또는 집행시키는 자는 처벌된다. 그러나 법에 의해 소환되거나 체포된 시민은 모

두 즉각 순응해야 한다. 이에 저항하는 자는 범죄자가 된다.

제 8 조, 법은 엄격히, 그리고 명백히 필요한 형벌만을 설정해야 하고 누구도 범죄 이전에 제정·공포되고, 또 합법적으로 적용된 법률에 의하지 아니하고는 처벌될 수 없다.

제 9 조, 모든 사람은 범죄자로 선고되기까지는 무죄로 추정되는 것이므로, 체포할 수밖에 없다고 판정되더라도 신병을 확보하는 데 불가결하지 않은 모든 강제 조치를 법에 의해 준엄하게 제압된다.

제 10 조, 누구도 그 의사에 있어서 종교상의 것일지라도 그 표명이 법에 의해 설정된 공공 질서를 교란하지 않는 한 방해될 수 없다.

제 11 조, 사상과 의견의 자유로운 소통은 인간의 가장 귀중한 권리의 하나이다. 따라서 모든 시민은 자유로이 발언하고 기술하고 인쇄할 수 있다. 다만, 법에 의해 규정된 경우에 있어서의 그 자유의 남용에 대해서는 책임을 져야 한다.

제 12 조, 인간과 시민의 제 권리의 보장은 공공 무력을 필요로 한다. 따라서 이는 모든 사람의 이익을 위해 설치되는 것으로서, 그것이 위탁되는 사람들의 특수 이익을 위해 설치되지 아니한다.

제 13 조, 공공 무력의 유지를 위해, 그리고 행정의 제 비용을 위해 일반적인 조세는 불가결하다. 이는 모든 시민에게 그들의 능력에 따라 평등하게 배분되어야 한다.

제 14 조, 모든 시민은 스스로 또는 그들의 대표자를 통하여 공공 조세의 필요성을 검토하며, 그것에 자유로이 동의하며, 그 용도를 추급하며, 또한 그 액수, 기준, 징수, 그리고 존속 기간을 설정할 권리를 가진다.

제 15 조, 사회는 모든 공직자로부터 그 행정에 관한 보고를 요구 할 수 있는 권리를 가진다.

제 16 조, 권리의 보장이 확보되어 있지 않고 권력의 분립이 확정 되어 있지 아니한 사회는 헌법을 갖고 있지 아니한다.

제 17 조, 하나의 불가침적이고 신성한 권리인 소유권은 합법적으로 확인된 공공 필요성이 명백히 요구하고, 또 정당하고, 사전의 보상의 조건하에서가 아니면 침탈될 수 없다.

민수군주론과
역성혁명론

현대 민주주의 제도는 근대 유럽에서 시작되었다. 유럽은 그리스 로마 문명의 영향을 받았던 지역이다. 따라서 민주주의의 원형을 찾기 위해서는 이 사람들의 사고 속, 즉 그리스 로마 문명에서 찾는 것이 당연하다. 우리나라를 포함하여 동양의 여러 나라들의 근대화 과정은 대체로 서양 문명에 의한 식민통치 과정과 맞닿아 있다. 일본의 경우 예외적으로 식민지 지배 경험을 겪지 않았으나 일본의 근대화 과정 자체가 서구 문명의 적극적 수용 과정이었다.

우리나라 민주주의는 외부로부터 이식된 측면이 강하다. 이런 점에서 어떤 사람들은 우리나라 민주주의가 제대로 된 값을 치르지 못한 '후불제민주주의'라고 주장하기도 한다.

그러나 그 흐름이 단절되고 뿌리가 뽑힌 탓에 현대 민주주의와 직접적 연계는 되지 않지만 우리나라의 정치 제도에도 다양한 민주주의 원형이 존재해 있었다. 국민주권과 관련하여 우리나라와 중국에는 오래 전부터 민수군주民水君舟라는 정치철학이 있었다. '백성은 물과 같고, 임금은 배와 같다. 물은 배를 띄울 수도 있고 배를 엎을 수도 있다'는 의미이고, 때문에 정치는 백성을 근본으로 한다는 철학이다. 민귀군경民貴君輕도 비슷한 의미이다. '백성은 귀하고 임금은 가볍다'는 뜻으로 백성을 하늘같이 여기라는 맹자의 말이다.

조선 건국의 초석을 다진 정도전은 민본주의를 자신의 정치 철학의 핵심으로 삼았다.

"대저 군주는 국가에 의존하고, 국가는 백성에 의존한다. 그러므로 백성은 국가의 근본인 동시에 군주의 하늘이다"라고 하였다. 정도전이 쓴 조선경국전에 나오는 말이다.

맹자는 더 나아가 역성혁명까지 주장하였다. '천명은 민의에 기초한 것'이라 보고, '민의에 의해 거부된 군주를 다른 덕 있는 자가 무력으로써 몰아내고 새롭게 왕조를 여는 것'을 역성혁명이라고 하여 긍정적으로 인정하였다. 맹자의 이런 역성혁명 사상은 이후 유럽으로 흘러들어갔고, 존 로크가 주장한 저항권 사상은 맹자의 역성혁명 사상에 그 뿌리를 두고 있다고 알려져 있다.

이 밖에도 조선 왕조에서 시행되었던 왕권과 신권의 조화, 언관 제도, 상소 제도, 붕당 정치 등을 구체적으로 살펴보면 현대 민주주의와 일맥상통하거나 어떤 면에서는 오히려 우수한 제도들도 많이 보인다.

　현실의 민주주의 제도가 주로 근대 유럽과 미국의 역사 속에서 정립되어 온 것은 틀림없지만, 그렇다고 해서 언제까지나 이들 구미의 나라들을 민주주의 선진국이라고 평가하고 그들의 제도에 있으면 옳고 없으면 틀리다는 사고는 잘못된 것이다.

보통선거권을 향한
투쟁

18세기 영국의 명예혁명, 미국의 독립전쟁과 미합중국 건국, 프랑스 혁명은 근대 민주주의를 연 3대 혁명이었다. 영국은 입헌군주제 방식으로 의회가 정치의 중심이었다. 프랑스는 급격한 시민혁명으로 왕을 폐하고 공화정을 채택하였으며 역시 의회가 정치의 중심이었다. 미국은 13개 주가 개별적으로 헌법과 의회를 가진 연방공화국으로 출발하였고, 의회와 함께 대통령을 선거를 통해 선출하는 대통령제를 택하였다.

근대 민주주의는 지배세력에 대한 민중들의 피어린 항쟁으로 수립되었으나, 여전히 의회에 참여할 수 있는 피선출권과 의원들을 선출할 수 있는 투표권은 극히 소수의 사람들에게만 제공되었다. 19세기 유럽의 민주주의는 소수의 사람들에게만 제한된 참정권을 보통 사람에게까지 넓히기 위한 민중들의 치열한 투쟁 역사였다. 수많은 피에도 불구하고 민주주의의 진척은 더디게 진행되고 있었다.

영국은 명예혁명을 거치면서 국왕은 존재하되 통치하지 않으며, 권력은 선거를 통해 선출된 의원들로 구성된 의회가 쥐고 있었다. 문제는 이 의회에 진출할 수 있는 자격(피선거권)과 투표할 수 있는 권리(선거권)가 재산을 기준으로 소수에 한정되어 있었다는 점이다. 명예혁명 당시 선거권은 예를 들면 군 선거구의 경우 연 40실링의 세금을 지방세로 낼 수 있는 자유토지 보유농 이상에게만 주어졌다. 이 기준에 따라 실제 참정권을 행사할 수 있었던 사람은 전체 성인 인구의 3%도 되지 않았다.

1819년 8월 16일 월요일 영국 맨체스터의 세인트 피터 광장에서 직조공을 중심으로 한 6만여 명의 노동자들이 모였다. 이들은 당시 영국의 의회제도를 비판하면서 맨체스터 공업 지역을 대표할 사람들을 자신들의 손으로 뽑아 의회로 보내겠다고 주장하였다. 집회에서 헨리 헌트는 "영국 정부가 국민을 억압하고 국민의 비참함을 쥐어짜 약탈한 노획물로 먹고 살 생각밖에 하지 않는다"고 비판하면서 선거권을 확대하라고 주장하였다. 헨리 헌트의 열정적인 연설 도중 영국 정부에서 파견한 맨체스터 기마대가 집회 군중을 덮쳤고, 순식간에 아수라장이 된 집회 현장에서는 11명의 사상자와 400여 명의 부상자가 발생하였다.

세인트 피터 광장에서의 비극이 있은 11년 후인 1830년, 영국 국왕

조지 4세가 사망하고 윌리엄 4세가 새로 즉위하였다. 영국의 농업노동자들은 새로 즉위한 국왕을 상대로 최저 임금을 보장해 줄 것을 호소하면서 대대적인 시위를 벌였다. 영국 의회는 소요 단속법을 내세우며 이들의 시위를 강제 진압하였다.

의회의 대표자를 선출할 수 있는 선거권의 확대 요구를 계속 묵살할 수만은 없었다. 영국은 산업혁명의 진척에 따라 전통적 귀족층과 함께 신흥 지배 계급으로 등장한 소상공인과 자산가들의 수가 늘어나고 있었다. 이들과의 전통적 지배층과의 타협이 필요하였고 당시 영국 수상 그레이의 주도로 선거법 개정이 논의된다. 마침내 1832년 6월 4일 도시의 중산 시민층(자본가, 중간시민층)에게 선거권을 부여하는 방식으로 선거법이 개정되었다. 이 때 만들어진 선거법에 따라 의원을 선출할 수 있는 유권자 수는 65만 2,777명으로 확대되었고, 이는 전체 인구수 대비 4.5%였다.

1832년 만들어진 선거법에는 농민들과 자산이 없는 무산계급은 여전히 선거권이 없었다. 선거권이 도시 중산층에게만 주어졌고, 도시의 무산계급은 자신들에게도 투표권을 요구하였다.

1836년에 런던노동자협회가 결성되었고, 버밍엄에서도 버밍엄 정치동맹이 만들어졌다. 이들은 1837년 '인민 헌장People's Charter'을 제정하고 보통 선거, 비밀 선거, 선거구 평등화, 의회의 매년 소집, 하원 의원 유급제, 피선거권의 재산 자격 제한 폐지 등을 요구하였다.

1839년에는 총 120만 명의 서명 청원서를 영국 하원에 제출하였다.

1840년에는 맨체스터에서 전국헌장협회가 설립되었고, 다시 325만 명의 서명 청원서를 하원에 제출하였다. 계속된 청원에도 불구하고 영국 의회는 노동자들에게 선거권을 허용하지 않았고, 오히려 서명과 관련된 각종 활동을 탄압하였다.

1848년 프랑스에서 대규모 혁명이 발생하였고 전 유럽이 무산계급이 주도하는 혁명의 기운에 휩싸였다. 영국에서도 노동자들이 570만 명의 청원 서명을 받아 런던에서 대규모 시위를 전개하였다. 그러나 시위는 무력에 의해 해산되었고, 청원 역시 의회에서 부결되었다. 이 운동을 '차티스트 운동(1835~1848년)'이라 불렀다.

1867년 2차 선거법 개정이 이뤄졌다. 이즈음 영국 의회는 보수당과 자유당 양당 체제가 형성되었고 1866년 자유당의 존 러셀 수상이 2차 선거법 개정안을 의회에 제출하였다. 2차 선거법 개정안은 유권자를 확대하는 안이었으나 노동자들은 여전히 투표권을 갖지 못하였다. 자유당의 2차 선거법 개정안은 의회에서 부결되고 존 러셀 수상은 부결에 대한 책임을 지고 수상의 직위에서 물러난다. 존 러셀을 대신하여 보수당의 디즈레일리가 수상에 선출되고, 디즈레일리는 다음 해인 1867년 오히려 자유당의 선거법 개정보다 진전된 안을 제출하였다. 차티스트 운동 등으로 선거권 확대를 요구하는 민심을 더 이상 외면할 수 없었던 것이다.

2차 선거법 개정에는 도시에서 1년 이상 거주하고 지방세를 내는 모든 가구의 가장과 연 10파운드 이상의 집세를 내는 남성들에게 추가로 투표권을 부여하는 내용이 핵심이었다. 2차 선거법 개정으로 전체 유권자의 비율은 전체 인구 기준 9%에 도달한다.

3차 선거법 개정은 자유당 (영국) 정부인 1884년과 1885년 두 번에 걸쳐 진행된다. 1,2차 선거법 개정은 주로 도시 노동자들에게 혜택이 주어졌다. 그러자 선거권을 얻지 못한 농촌·광산 노동자 계층의 반발이 커졌다. 3차 선거법 개정은 '모든 시나 군에 지방세를 납부하면서 12개월 이상 거주한 가구의 가장'에게 선거권을 부여하는 내용이었다. 3차 선거법 개정으로 유권자수는 총 440만 명으로 확대되었고, 비율은 전체 인구 기준 19%에 도달하였다. 3차 선거법 개정으로 성인남자 2명 중 1명 정도가 투표권을 갖게 되었다. 인구의 다수가 유권자가 된 것이다.

3차 선거법까지 선거권은 오직 성인 남성들에게만 주어졌다. 여성들의 선거권 요구가 없었던 것은 아니었으나, 남성들은 여성들에게 선거권을 주게 되면 '전통적 가정 질서'가 파괴된다는 지금 들으면 터무니없는 이유를 들어 완고하게 여성들에게 투표권을 주는 것을 거부하고 있었다.

1893년 11월 28일 영연방의 식민지였던 뉴질랜드에서 오늘과 같은 성인 유권자 일반 누구에게나 투표권이 주어진 최초의 보통선거가 진행되었다. 유럽 이주민들이 다수인 영연방 식민지 국가인 뉴질랜드는 유럽 대륙처럼 강력한 기득권층도 없었고, 전통에 대한 완고한 집착도 약했다. 모국 영국에서 선거권 확대를 두고 치열한 투쟁이 벌어지던 19세기 중후반부터 뉴질랜드에서는 이미 성인 남성들 일반에게 투표권이 주어졌다. 남은 것은 여성들의 투표권이었다. 뉴질랜드의 여성 투표권 쟁취를 이끌어낸 사람은 뉴질랜드의 10달러 화폐에 등장하는 여성 운동가 케이트 셰퍼드(1847~1934)이다. 그녀는 '기독교 여성 금주동맹'을 이끌면서 여러 차례 여성 투표권을 요구하는 청원운동을 벌였다. 1893년에는 뉴질랜드의 성인 유럽 출신 여성의 4분의 1에 해당하는 3만 2,000건의 서명을 받았다. 뉴질랜드는 유럽에서 이주해온 개척민들의 나라였고, 1893년 9월 19일 뉴질랜드 의회는 여성들의 투표권을 승인하였다.

투표권이 모든 성인남성과 여성에게 확대된 계기는 20세기 들어서 두 차례의 세계대전을 겪으면서였다. 세계대전에서 각 국은 총력전을 전개하였고, 전쟁에 필요한 인력을 총동원하였다. 제국주의 국가들이 전쟁을 치르는 와중에 많은 식민지 나라들에서도 무장한 독립저항운동이 전개되었다. 전쟁에 참여하고 기여한 노동자들과 여성들은 자신들의 권리에 눈을 뜨게 되었고, 더 이상 기득권층도 이들의 권리를 무시할 수 없게 되었다.

현재와 같은 보통선거권이 시행된 연도는 아래와 같다.

뉴질랜드 - 1898년, 오스트레일리아 - 1902년, 핀란드 - 1906

년, 노르웨이 – 1913년, 덴마크·아이슬란드 – 1915년, 소비에트 연
방 – 1917년, 캐나다·독일 – 1918년, 미국 – 1965년, 스웨덴 – 1921
년, 에콰도르 – 1927년, 영국 – 1928년, 스페인 – 1931년, 브라질·
타이 – 1932년, 스리랑카·터키 – 1934년, 미얀마 – 1935년, 필리핀
– 1937년, 프랑스 – 1944년, 이탈리아 – 1945년, 일본 – 1946년, 아
르헨티나·중화민국 – 1947년, 대한민국·벨기에 – 1948년, 칠레 –
1949년, 네팔·그리스 – 1951년, 멕시코 – 1953년, 콜롬비아·페루
– 1955년, 이란 – 1963년, 스위스 – 1971년, 요르단 – 1974년.

양심의 자유는
천부인권

민주주의의 두 번째 원리는 양심의 자유, 사상의 자유이다. 양심의 자유는 국민주권보다 오히려 더 본질적인 인간으로서 천부적으로 타고난 자유권이다. 또 양심의 자유, 사상의 자유는 그 구체적인 표현과 관련된 언론 출판의 자유와 집회 결사의 자유의 토대이기도 하다. 민주주의의 제1원리인 국민주권을 실현하기 위해서는 국민들 각자가 자신의 양심과 사상의 자유로부터 기반하여 언론 출판 및 집회결사의 자유를 갖고 있어야 한다.

양심의 자유는 동양식 사고와도 깊은 관련이 있다. 우리나라나 중국에서는 선비의 지조, 절개 등을 높게 평가하였다. 예컨대 중국에서 백이숙제나 죽림7현 등 왕조가 바뀔 때 전대 왕조에 대한 충성을 그대로 유지한 선비들을 높게 평가한 고사들이 있다. 조선시대에도 사육신 등의 사례에서 지조, 절개, 신념을 높게 평가하는 모습을 볼 수 있다. 조선왕조에서 언관제도나 사관제도 등도 양심의 자유, 언론출판의 자유와 관련이 있다.

독재자들이 자신들의 권력을 유지하고자 할 때 제일 먼저 억압한 것이 바로 양심의 자유, 사상의 자유였다. 국민주권을 세우기 위한 치열한 항쟁에는 언제나 양심의 자유, 사상의 자유와 그에 기반한 언론출판집회결사의 자유를 쟁취하기 위한 노력도 함께 하였다. 제대로 된 언론출판의 자유와 집회결사의 자유가 보장될 때 비로소 제대로 된 민주주의가 가능하다.

양심의 자유는 '양심을 결정할 자유'와 '자신의 양심을 말하지 않을 자유'로 나눌 수 있다.

양심을 결정할 자유란 개인이 스스로의 윤리관이나 가치관에 따라 논리적인 사고를 전개하여 사실의 옳고 그름을 판단할 수 있는 자유이다. 말하지 않을 자유란 누구도 자신의 주관적 가치판단에 따라 형성된 양심이나 사상을 외부에 표명하도록 강제 받지 아니할 자유를 말한다.

인간의 본질적 속성 중 중요한 하나가 생각하는 것이라고 할 때 자기 머리로 자기의 경험과 논리를 가지고 판단할 수 있는 자유는 인간 존엄성을 지키기 위한 가장 기본적인 자유이다.

그럼에도 불구하고 양심을 결정할 자유를 침해하는 경우가 인류사에서는 존재해 왔고, 대한민국의 역사에서는 너무나 자주 있어 왔다. 예컨대 간첩 혐의를 받고 체포된 사람들이나 혹은 공산주의자라는 이유로 체포된 사람들에게 전향을 강요하는 행위가 바로 양심을 결정할 자유를 침해하는 대표적인 사례이다. 전향이 전향하였을 때 얻어질 혜택을 미끼로 양심을 결정할 자유를 침해하는 행위라면, 고문은 육체적 고통을 통해 정신을 파괴하여 양심을 결정할 자유를 침해하는 행위이다.

두 가지 모두 인간의 존엄성을 침해하는 결코 용서할 수 없는 범죄 행위이다.

박근혜 대통령의 탄핵 사유 중 하나가 블랙리스트였다. 블랙리스트는 돈을 미끼로 특정한 사람이나 집단의 양심의 변절을 유도하는 것이라는 점에서 박근혜 판 고문이나 전향 요구라고 볼 수 있다.

양심의 자유는
민주주의로 제약될 수 없다

양심의 자유를 획득하기 위한 오랜 역사에서 중요한 교훈이 바로 그리스 시대 아테네이의 철학자 소크라테스의 죽음이다. 소크라테스는 죽음을 앞두고 남긴 "악법도 법이다"라는 말로 유명하지만, 그가 죽음에 이르기까지의 과정도 주의 깊게 살펴볼 필요가 있다.

기원전 401년 아테네이 시민들에 의해 소크라테스가 고발된다. 이 해는 아테네이가 크리티아스를 중심으로 하는 30인의 참주정을 무너뜨리고 민주정을 회복한 지 2년째 되는 해였다. 소크라테스가 고발된 이유는 '아테네이의 젊은이들을 타락시키고, 신을 모독하였다'는 내용이었다. 소크라테스의 고발에는 법 조항도 인용되지 않았고, 구체적인 행위도 없었다.

당시 아테네이의 시민들에게 언론의 자유는 보편적으로 공유되는 민주주의 제도를 위한 중요한 원칙이었다. 아테네이의 법정은 전체 시민 중에 제비뽑기로 선정된 배심원들 앞에서 고발인과 피고가 직접 논쟁하고 배심원들은 일차로 피고의 유무죄를 결정한다. 유죄가 결정되면 다시 고발인과 피고가 재 논쟁하여 피고의 형량을 결정하는데, 이 과정은 모두 하루에 끝난다. 소크라테스의 재판 역시 아테네이 시민 중에 무작위로 선정된 501명의 배심원들 앞에서 진행되었다. 소크라테스는 유무죄를 다투는 재판에서 자신의 행위가 죄가 될 수 없음을 논증하기보다는 오히려 앞으로도 계속 아테네이의 시민들 속에서 자신의 철학적 신념을 설파하겠다고 다짐한다. 배심원들의 거수 투표 결과 소크라테스는 280대 221로 유죄로 결정되었다. 2차 형량 재판에서 소크라테스는 사형을 선고받는다. 이제 막 민주주의를 회복한 아테네이는 가장 민주적인 방식으로 위대한 철학자에게 죽음을 내렸다.

소크라테스가 가장 민주적인 재판을 통해 죽음에 이르게 된 것은 아테네이 민주주의가 갖고 있는 근본적인 한계를 생각해보게 한다. 아테네이 민주주의는 공동체가 다수결을 거쳐 내린 결정에 개인들이 절대적으로 복종해야 했다. 아테네이의 시민들은 아직 개인으로서 인간의 존엄에 대한 사유는 보편적이지 않았다.

소크라테스의 죽음은 현대 민주주의가 국민주권의 원리와 함께 어떤 상황에도 훼손될 수 없는 국민 각자의 천부 인권이라는 개념과 함께 해야 함을 잘 보여준다. 천부적 인권은 사회가 부여하는 것이 아닌 태어나면서부터 갖는 권리로 법률이나 믿음보다 앞서는 권리이다. 생명권이나 행복을 추구할 권리, 양심의 자유 등이 바로 천부인권에 속한다.

양심의 자유는 한 개인의 존재로부터 나오는 천부적 권리로 본질적으로 다수결에 의해 강요될 수 없다. 그리고 법률에 의해서도 제약될 수 없으며, 따라서 재판으로 양심의 자유를 제한할 수도 없는 것이다. 다수결에 의해 내 생각을 바꿔야 한다는 것을 상상할 수 있겠는가? 남과 다른 생각, 그 남이 아무리 다수라고 하여도 내 머리로 스스로 판단하고 결정할 수 있는 자유를 침해받을 수는 없다.

명백하고
현존하는 위험

양심의 자유가 국민주권과 연결되면서 적극적으로 행사되는 방식이 곧 언론출판과 집회결사이다. 민주주의를 향한 치열한 역사 속에서 언론출판의 자유를 향한 수많은 투쟁만큼이나 권력자들의 언론출판 자유에 대한 억압과 탄압도 치열하였다. 언론출판의 자유를 짓밟는 행위는 반드시 직접적인 무력에 기반하여 재갈을 물리는 방식만 존재한 것은 아니었다.

양심의 자유 및 언론출판의 자유가 너무나 당연하고 중요한 만큼 어떤 독재자도 언론출판의 자유를 전면적이고 직접적으로 억압하지는 못하였다.

역사상 언론출판의 자유를 직접적이고 전면적으로 억압한 사건으로 중국의 분서갱유를 들 수 있다. 기원전 229년, 중국의 전국시대가 끝나고 시황제가 천하를 통일하여 진나라를 세운 뒤 8년이 지난 해였다. 진나라는 중앙집권적인 군현제를 채택하고 있었다. 진 황실의 함양궁에서 잔치가 벌어졌는데, 이 자리에서 박사 순우월이 군현제의 문제점을 지적하면서 고대 주왕조 때의 봉건제로 되돌아갈 것을 시황제에게 건의한다. 이에 황제는 신하들에게 그 의견을 물었고, 군현제를 입안하였던 승상 이사는 "봉건시대에는 제후들 간에 전쟁이 끊이질 않아 천하가 어지러웠으나 이제는 통일이 되었고, 법령도 일괄적으로 한 곳에서 발령되어 사회의 안정을 찾았습니다. 하오나 옛 책을 배운 사람들 중에는 그것만을 옳다고 생각해 새로운 법령이나 정책에 대해서 비방하는 선비들이 있습니다. 하오니 백성들에게 꼭 필요한 의약, 복서, 종수(농업)에 관한 책과 진(秦)나라 역사서 외에는 모두 수거하여 불태워 없애 버리소서"라고 주장하였다. 이사의 말에 따라 전국 곳곳에서 불필요한 책들을 관에서 수거하여 불태워버렸다.

언론출판의 자유를 억압하는 행위는 언제나 그보다 상위의 가치를 명분으로 내세웠다. 상위의 가치는 사회의 안녕과 질서였다. 진시황제의 분서는 곧 천하의 혼란을 방지하기 위함이었다. 현대 사회에서도 언론출판이나 집회결사의 자유를 억압할 때는 공동체를 위협하는 적으로부터의 공격을 막는다는 이유가 으뜸이었다. 신분제 사회에서 자유는 미천한 하층민의 반란을 빌미로 억눌러졌고, 민주주의가 진전되면서는 배우지 못하고 재산도 없는 평민들의 주장이 사회를 혼란시킨다는 이유였다. 전쟁중에는 적대국의 선전선동으로부터의 보호였고, 냉전시대에는 공산주의자들로부터 나라를 지키기 위해 언론출판의 자유가 억압되어야 한다고 주장하였다.

　이런 주장들로부터 언론출판의 자유를 지켜내기 위한 최후의 보루로 '명백하고 현존하는 위험의 원칙'이 만들어졌고, 이 원칙은 최소한 민주주의 나라들에서는 언론출판의 자유를 법률적으로 제한할 경우에도 반드시 지켜야 할 사항으로 여겨졌다.

　'명백하고 현존하는 위험의 원칙'은 1919년 미국의 홈즈 대법관이 최초로 정의한 개념이다. 언론출판이 타인의 명예 또는 사생활을 침해하는 경우나 국가기밀과 관련된 경우에라도 법원이나 관계기관이 언론출판의 자유를 억제하려고 할 때에는 반드시 그 억제 대상이 명백하고 현존하는 위험이 있음이 입증되어야 한다는 것이다.

　1차 세계대전이 진행되던 중 미국에서는 적국인 독일에 대한 증오의 정서가 형성되고 있었다. 미국인들 속에서는 "독일 잠수함이 미국의 해변에 상륙해서 강에 들어가 인플루엔자 균을 퍼뜨렸다"거나 "독일제 비행기들이 미국 하늘을 날아다니고 있다"는 소문들이 퍼졌고, 심지어는 해변가 호텔에서 전구를 바꾼 사람이 잠복해 있던 독일제 U-보트에 신호를 보냈다는 혐의로 체포되기도 하였다.

　이런 국민정서 속에서 미국 정부는 '간첩법'과 '선동에 관한 법률'을 제정한다. 이런 법이 만들어지자 곧 다양한 유형의 기소들이 이어지게 된다. 미국 독립전쟁의 정신을 담은 영화 제작사가 시사회를 마친 후 영화에 나오는 영국 군인의 학살 장면을 이유로 체포되기도 하였다. 성조기에 입을 맞추라는 강요들이 생겨났고, 그런 강요를 거부하는 사람들이 유죄판결을 받기도 하였다. 이런 류의 사건들이 넘쳐났고 대부분이 법정에서 유죄판결을 받았다. 미국의 재판은 지금도 그렇지만 당시에도 배심제를 기본으로 하고 있었고, 배심원들은 일반 국민들 중에서 선출되었다. 국민들 속에 광범위하게 반독일 분위기가 퍼진 상태에서 '간첩법'과 '선동에 관한 법률'로 체포된 피고인들의 변호를 배심원들은 주의 깊게 경청하지 않았다. 당시는 전쟁중이었다.

미국 국민들의 이 정서와 법률 집행에 제동을 건 것은 바로 연방대법원의 홈스 대법관이었다. 홈스는 계속되는 배심원들의 유죄 평결에 맞서 언론출판의 자유의 필요성을 역설하였다.

"궁극적인 선에 대한 갈망은 사상이 자유로운 교류를 통해 도달될 수 있다. 진실을 시험할 수 있는 가장 좋은 방법은 사상이 시장의 경쟁을 거치게 하는 것이다"라고 홈스는 주장하였다. 홈스는 또 "우리는 의사 표현을 통제하려는 시도를 경계해야 한다. 그렇지 않으면 그들(권력자)은 합법적으로 그리고 국가를 구하는 데 필요하다는 이유로 즉각적인 간섭으로 우리를 위협할 것이다"라고 말하였다. 이런 주장과 함께 홈스는 언론출판이 통제되어야 하는 어떤 경우에라도 '명백하고 현존하는 위험'이 입증되어야 한다는 원칙을 정립한다.

명백성이란 해당 언론출판이 누구라도 인정할 수 있는 위험성이 있어야 한다는 의미이고, 여기에는 의도나 위험의 크기 등이 관련되어 있다. 현존성이란 해당 언론출판이 직접적이고 빠른 시간 내에 위험을 가져오는지를 판단해야 한다는 점이다.

대의민주주의와
권력의 통제

국민주권에서 주권이 의미하는 바는 구체적으로 무엇일까? 미국의
정치학자 도널드 럿츠는 국민주권에 대해 다음과 같이 정의한다.

국민주권은 국민에게 최고의 권력을 부여한다는 것이다. 이 주
권이 표현되는 방법은 여러 가지가 있다. 국민들이 직접 법을
만들 수도 있고, 국민이 선출하거나 소환할 수 있는 대표인을 통
해 대리하는 방법도 있다. 국민들이 법안에 대해 거부권을 행사
하는 것과 같이 절대적인 방식도 있고, 이보다는 덜 극적인 방법
을 택할 수도 있다. 즉, 국민주권은 국가 형태의 다양한 가능성
을 두루 포함하고 있다. 하지만 국민주권은 어떤 형태의 국민의

합의가 있을 것을 가정하고 있고, 이런 이유로 해서 공화 정부에
대한 모든 정의는 합의에 대한 이론을 포함하고 있다.

즉 국민주권은 입법권, 대표자의 선출권, 소환권, 법안에 대한 거
부권 등 매우 다양한 내용들이 존재한다. 민주주의의 근본 원리는 국
가의 주권이 국민에게 있다는 점이다. 민주주의의 원형은 고대 그리
스의 아테네의 정치제도이다. 동양에서도 민본주의 사상, 민수군주
(민은 물이요 군은 배이다)라는 정치철학 등을 통해 국민주권과 일맥상통하
는 정치사상을 가지고 있었다.

민주주의가 국민주권을 근본으로 하고 있음에도 불구하고, 현대
의 민주주의 제도의 다수는 국민들이 대통령이나 국회 등 입법 및 행
정권을 가진 대표자를 선출하고 그 대표자들이 입법권과 행정권, 사
법권 등을 행사하고 있다. 많은 나라들에서 여전히 국민들에게는 고
작해야 대표자를 선출할 수 있는 투표권 정도가 주어져 있을 뿐이다.
일부 민주주의가 앞선 나라들에서는 국민발의권, 국민소환권, 국민
입법권, 국민참여 재판 등으로 국민들의 광범위한 참정권을 허용하
고 있긴 하지만, 전면적으로 직접민주주의를 실행하고 있는 국가는
전세계적으로 스위스 하나 정도이다.

근대 민주주의가 출발 당시부터 간접 민주주의 혹은 대의제를 택하게 된 데에는 몇 가지 이유가 있다.

첫 번째는 근대 국민국가가 성립되면서 다수 인민들이 한 자리에 모일 수 없다는 물리적 제약이 있었기 때문이다. 이런 물리적 제약은 교통과 통신, 방송 등이 발달하면서 조금씩 약화되었지만 이미 익숙한 제도가 쉽게 바뀌기는 어려웠다. 특히 20세기 후반 처음에는 소수만이 사용하던 인터넷망이 보편화되면서 쌍방향 정보통신이 가능해졌고, 많은 나라에서 전자민주주의 등 새로운 가능성이 모색되고 있기도 하다.

두 번째로는 법률의 제정 및 폐기, 복잡한 정책 결정 등이 일정한 수준의 교육과 해당 분야에 대한 전문성이 필요하기 때문에 국민 중에서 평균 이상의 엘리트 층을 대표로 선출하여 이들이 중요한 의사결정을 하는 것이 보다 합리적이라는 판단도 있었다. 이런 판단은 교육의 기회가 소수에게 제공되고 대다수 국민들이 문맹자였던 근대 민주주의 도입 시기에는 어느 정도 타당할 수도 있었다. 그러나 현대 대부분의 나라들에서 교육제도는 크게 발전하였다. 일반 국민들도 고등학교 정도는 의무적으로 그리고 다수의 사람들이 대학 교육을 이수하고 있다. 인터넷망과 스마트폰의 보편적 보급으로 이제 필요한 지식은 언제든 누구나 쉽게 찾아볼 수 있는 것이 현실이다.

근대 민주주의가 대의민주주의 제도를 택하게 된 세 번째이자 가장 중요한 이유는 근대 민주주의가 정립되는 과정이 곧 구 기득권과 신흥 기득권의 타협의 산물이었다는 점이다. 왕권과 국민주권의 극심한 대립이 있었고, 그 대립이 하루아침에 국민주권의 승리로 끝난 것이 아니었다.

처음 왕족과 귀족들은 민중들의 저항에 직면하여 자신들과 가까운 귀족층 중심으로 의회를 구성하여 왕의 전제정치를 억제하였다. 1215년 영국의 존 왕이 귀족들과 합의하여 승인한 마그나카르타 Magna Carta, 즉 대헌장이 그런 성격이었다. 대헌장은 당시 국왕 존 왕의 폭정에 맞선 국민들의 저항을 바탕으로 귀족층이 자신들의 권리를 왕으로부터 승인 받은 내용이고, 그 과정에 왕의 일방적 통치가 아니고 귀족들로 구성된 의회가 왕권을 견제한다는 내용이 포함되어 있었던 것이다. 이후 영국에서는 청교도혁명, 명예혁명을 거치면서 점차 귀족층의 양보가 있었고, 신흥 자산가들이 등장하면서 자산가와 귀족의 연합 형태로 의회가 만들어진다. 최종적으로는 명예혁명을 통해 이른바 입헌군주제로 '왕은 군림하되 통치하지 않는다'는 원리가 확립되었다.

프랑스대혁명도 격렬한 민중들의 저항이 있었으나, 최종적인 모습은 귀족과 신흥 자산가의 타협의 산물이었다. 13개 주의 연방으로 처음부터 국왕이 없는 공화국연방으로 출발한 미국 역시 국민주권은 모국이었던 영국 왕의 통치에 반대한다는 구호 정도였지, 현실 속에서 완전한 국민주권의 실현은 꿈에도 꾸지 못하였다.

유럽이나 미국에서 민주주의 과정의 시민혁명은 피지배 계층이었던 농노와 노동자들이 다수 참여하였으나 그 당시까지만 해도 사람들이 자산이나 교육 정도에 의해서 차등이 있다는 생각이 보편적이었다. 현대에도 재벌이나 특권층들이 일반 평민을 '개, 돼지'처럼 취급하기도 하는데, 옛날은 더욱 심하였을 것이 당연하다. 이 때문에 정치를 하는 것은 돈과 학식이 있는 엘리트 층이어야 하고, 투표권 역시 어느 정도 재산이 있는 사람들에게만 주어야 한다는 생각이었다.

대의민주주의를 염두에 둘 때 민주주의의 세 번째 중요한 원리는 바로 권력의 분산과 통제이다. 학자들은 민주주의를 간접민주주의와 직접민주주의로 마치 이 2가지가 대립되는 것처럼 구분한다. 그러나 현실은 어떻게 국민주권을 확립하고 어떻게 양심의 자유를 지킬 것인가의 방법을 두고 그 시대의 특성, 해당 국가가 처한 조건, 해당 국가를 구성하는 국민들의 각성과 단결 정도에 따라 간접민주주의 즉 대의민주주의와 직접민주주의를 조화시켜 왔다.

민주주의는 선거를 통한 대표권자, 대리인, 대의자가 필수적이다. 또한 권력은 언제나 확장되려 하고 영속하려고 하는 본능이 있다. 범위와 기간을 한정한다는 것은 곧 통제를 의미하는 것이고 권력은 본능적으로 통제를 거부한다. 국민주권의 원리가 적극적으로 민주주의를 확장하기 위한 능동적 속성을 가지고 있다면 권력 통제는 권력 상호간, 그리고 국민에 의한 직접적인 견제와 감시를 통해 권력의 부당한 행사를 억제하는 속성을 지니고 있다.

　권력의 분립은 흔히 3권분립이라고 표현하는 입법권, 사법권, 행정권의 분립이 대표적이다. 3권분립은 대통령제, 의원내각제, 혼합형에 따라 다른 양상을 보이고, 또 각 나라마다 민주주의가 정착되는 과정에서 독특한 특색을 가지고 있다.

　3권분립에서, 권력 분립 제도의 가장 큰 문제는 권력의 통제와 분산이 권력 상호간의 관계에만 국한되어 있다는 점이다. 대의 권력은 본질적으로 국민주권으로부터 나온다면 당연히 대의 권력의 분립이나 통제 역시 국민주권에 의해 이뤄지는 것이 타당할 것이다.

　현대 여러 나라 정치제도 중 국민주권을 가장 이상적으로 실현하고 있고, 또 권력분립을 권력 상호간의 견제에서 그치는 것이 아니고 철저히 국민주권에 종속시키고 있는 대표적인 나라가 바로 스위스이다.

삶의 질 1위와
스위스 민주주의

스위스는 유럽 중앙부 알프스 산맥에 위치해 있는 나라이다.

중세까지는 신성로마제국 황제의 직할지로 자치권을 가지고 있었다. 13세기 초엽 오스트리아 합스부르크 왕가가 이 지역으로 세력을 확장하기 시작하면서, 1291년 피어발터슈테터 호수 근처에 있던 우리, 슈비츠, 운터발덴 3개 지역이 영구동맹을 맺고 합스부르크 왕가에 저항하기 시작하였다.

합스부르크 왕가의 저항을 승리로 이끈 사람 중에 널리 알려진 인물이 바로 빌헬름 텔이다. 합스부르크 왕가의 총독 헤르만 게슬러는 스위스 우리 지역 중심부에 위치한 광장에 창을 꽂아 자신의 모자를 걸어 두었다. 헤르만 게슬러는 우리 지역 주민들에게 지나가는 동안 자신의 모자에 절을 하도록 강요하였다. 활쏘기의 명수로 널리 알려진 빌헬름 텔은 모자에 절을 하는 것을 거부하였다. 1307년 11월 8일

게슬러는 텔의 아들의 머리 위에 사과를 올려놓고, 텔에게 사과를 쏘아 맞추라고 강요를 한다. 텔은 아들의 머리 위 사과를 정확히 명중시킨다. 그러나 게슬러는 사과를 명중시킨 텔을 용서하지 않았다. 텔이 가지고 있던 남은 화살이 자신을 쏘기 위한 것이라는 누명을 씌우고 체포하여 성으로 끌고 간다. 텔은 배를 타고 호수를 건너던 도중에 탈출하여 마침내 총독 게슬러를 화살로 쏘아 죽인다.

빌헬름 텔의 활약은 스위스 지역 주민들에게 용기를 주었고, 3개 지역의 영구동맹에 점점 많은 지역들이 가입하였다. 스위스의 영구동맹은 1499년 슈바벤 전쟁을 통해 신성로마제국의 황제 막시밀리안의 군대와 싸워 승리를 거두고 사실상 독립국가로 인정받는다. 1648년 신성로마제국이 해체되는 베스트팔렌 조약에 따라 스위스는 독립국가로 유럽 강국들의 승인을 받게 된다.

1798년에는 나폴레옹의 프랑스 군이 스위스를 침략하여 동맹을 해체하기도 하지만, 1815년 나폴레옹의 몰락 후 사후 처리를 위한 빈 회의에서 영구 중립국가로 인정받으면서 22개 주로 구성된 스위스 연방 국가가 성립되었다. 인구는 약 811만 명(2013년)이고, 면적은 약 41,285km로 남한 면적의 약 41%이다. 스위스는 다양한 민족이 뒤섞여 살고 있으며, 인구의 64%는 스위스식 독일어(수비처뒤치)를 사용하고, 인구의 약 20%는 프랑스어를 사용하며, 6% 정도는 이탈리어어를 사용한다.

스위스 연방은 23개의 주와 6개의 반주(3개의 주)로 구성된 총 26개 칸톤과 2,842개의 시군으로 이뤄져 있다. 각 칸톤은 자체 헌법과 주 의회, 주 정부 및 주 법원을 독립적으로 가지고 있다. 시군 또한 주 법규에 의하여 자치권, 입법권, 조세권, 행정권 등을 가진다.

스위스 연방의회는 상원과 하원으로 구성되어 있다. 하원은 총 200석으로 각 칸톤 내 인구수에 비례하여 선출한다. 상원은 인구수와 관계없이 23개 칸톤이 2개의 의석을 6개의 반 칸톤이 1개의 의석을 선출하여 총 46명으로 구성된다. 임기는 4년이다.

연방 행정은 의회에서 선출하는 4년 임기의 7명의 연방 각료가 담당한다. 연방 각료 7인 중 1명이 1년을 임기로 대통령직을 수행한다. 행정부처는 국방, 재정, 환경교통에너지및통신부, 외교부, 법무검찰부, 경제부, 내무부의 7개이다.

스위스 연방의 최종 의사결정은 연방 국민(18세 이상 유권자)이 한다. 이는 단순한 선언적 의미로써가 아니고 실질적으로 모든 중요 의사결정이 연방 국민들에 의해서 결정된다는 의미이다.

스위스 국민들이 행사하는 참정권 중 가장 중요한 것이 바로 연방 헌법의 개정, 연방법률의 입법 등을 국민 스스로가 발안하고 발안된 개정안을 국민투표로 확정짓는 권리이다.

스위스 연방에서는 연방헌법 외에 캔톤 헌법이나 일반 법률 역시 국민들의 직접 참여로 만들어지거나 폐기된다. 입법 과정은 크게 제안 단계, 법안작성 단계, 의회심의 단계, 최종결정 단계, 발효 단계로 구성된다. 이런 일련의 과정으로 스위스에서의 입법 기간은 보통 1년에서 수년에 걸쳐 느리게 진행된다. 효율성은 떨어질 수 있으나 만들어진 법률이 국민적 심의와 동의를 거치기 때문에 완성도가 높고 집행의 정당성이 확보되는 장점이 있다.

법률은 제안 단계에서 캔톤과 연방의회의원 및 연방각료의 발의로 시작될 수 있다. 유권자 개인 혹은 단체는 누구나 국민발안을 제기할 수 있다. 유권자 개인과 단체의 발안은 최초 제안된 지 18개월 이내에 10만 명의 서명을 받아야 정식 발의가 된다.

연방내각은 발의된 법률 초안을 검토하고 확정하기 위하여 시민사회 대표 등으로 구성된 10~20명의 위원으로 구성된 전문가위원회를 설치하여 법안을 작성한다. 이 과정은 공개되어 누구라도 의견을 개진할 수 있거나 수정안을 만들어 제출할 수 있다.

연방내각에서 만들어진 개정안과 제안서를 토대로 연방의회에서 심의를 거친다. 이 과정에서 연방하원과 상원은 각각 심의를 상호간에 주고받으며 양원의 의견 차이를 해소하고 최종적으로 투표에 부의할 법률안을 확정한다.

확정된 법률안은 헌법과 국제조직 가입문제 등 중요한 것들은 반드시 국민투표를 거쳐 확정한다. 양원에서 심의를 거쳐 합의가 이뤄진 일반 법률은 100일 이내에 유권자 5만 명 이상 혹은 8개 캔톤 정부의 반대가 있지 않으면 정식 발효된다. 유권자 5만 명 이상 혹은 8개

캔톤 정부의 반대가 있는 법률은 국민투표에 회부되어 정식으로 발효 여부를 결정한다.

지방정부인 캔톤 차원에서의 국민투표 대상은 캔톤 헌법의 개정, 캔톤 법의 재개정뿐만 아니라 일정 금액 이상이 소요되는 지방정부 차원의 사업, 기타 일정 수 이상의 유권자나 캔톤 의회가 요청하는 사항에 대해서는 주민투표를 거치도록 되어 있어 연방 차원에 비해 훨씬 다양하고 풍부한 주민 참여가 이뤄지고 있다.

의원 선출, 국민발안과 국민투표 외에 스위스 국민들은 국가기관에 손해 보상을 요청하거나 조례나 규칙 등의 수정을 직접 요구할 수 있는 청원권도 보유하고 있다.

스위스의 직접민주제 전통은 란트슈게마인데(독일어: Landsgemeinde)에 그 뿌리를 두고 있다. 란트슈게마인데는 1년에 한 차례씩 지방자치 단위(코뮌)의 광장에 전체 주민들이 모여 공동체의 주요 사안들에 대한 안건의 심의 찬반토론을 거쳐 거수투표를 통해 결정하는 제도이다. 1231년 우리 칸톤에서 시작된 제도로 현재도 대부분의 코뮌 단위에 남아 있다. 상위 자치단체인 칸톤 중에서도 규모가 상대적으로 작은 글라루스나 아펜첼의 경우는 아직 란트슈게마인데를 운영하고 있다.

직접민주제를 운영하는 스위스 국민들의 삶은 어떠할까? 스위스는 직접민주제와 캔톤과 연방 단위의 연방국가로 선거와 투표가 매우 많다. 그럼에도 불구하고 스위스 국민들의 선거 투표 참여율은 선진 국가들에 비해 뒤떨어지지도 않는다. 방송 등 언론매체 역시 다양한 정책 등 사회적 공론 보도에 많은 힘을 쏟고 스위스 국민들 역시 토론을 즐기는 문화가 형성되어 있다. 전체적으로 스위스는 매우 높은 수준의 삶의 질을 누릴 수 있는 나라이다. 스위스는 국가 전체로 해마다 삶의 질을 평가하는 다양한 기관에서 전세계 1위를 차지하고 있고, 스위스의 취리히, 제네바, 베른 등은 계속해서 세계에서 가장 살기 좋은 지역으로 선정되고 있다.

2부

권력과
민주주의

– 대한민국
민주주의가
걸어온 길

제헌 헌법과
민주주의의 파괴

민주주의는 국민이 주권을 행사하는 제도이다. 민주주의의 파괴는 언제나 권력자들에 의해 파괴되어 왔다. 일제 식민지로부터 해방된 지 70년이 조금 지난 현재까지의 대한민국의 짧은 역사는 3명의 독재자들의 야욕과 그 비참한 최후를 통해 민주주의의 파괴자가 누구이고, 그들의 명분은 무엇인지를 잘 보여준다. 그리고 민주주의의 파괴를 막아내고 민주주의를 수호한 사람들이 누구인지도 명확하게 보여준다.

1948년 5월 10일, 대한민국 초대 국회의원 선거가 실시된다. 당시 우리나라에는 아직 정부도 수립되지 못한 상태였고, 헌법도 없었던 상태로 초대 국회의원 선거는 UN 총회의 결의에 따라 UN의 감시 하에 치러졌다. 이 선거를 통해 198명의 의원이 선출되었고, 초대 국회의장에는 이승만(대한독립촉성국민회), 부의장으로는 신익희(대한독립촉성국민회), 김동원(한국민주당)이 선출된다. 5월 31일 초대 국회의원 선거에 의해 구성된 제헌국회는 의원들 중 최고령자였던 이승만을 제1대 제헌국회의장으로 선출하였다.

초대 국회의 가장 큰 임무는 대한민국 헌법 제정과 제정된 헌법에 따른 정부 수립이었다. 1948년 6월 1일 2차 국회 본회의에서 헌법 및 정부조직법과 국회법 등을 만들기 위한 기초위원 30인이 선출되고, 이 기초위원에서 헌법안이 만들어져 6월 23일 본회의에 상정 통과되고, 7월 17일 이승만 국회의장이 서명 공포하면서 최초의 대한민국 헌법이 만들어진다.

대한민국 제헌헌법의 전문은 아래와 같다.

유구한 역사와 전통에 빛나는 우리들 대한국민은 기미 삼일운동으로 대한민국을 건립하여 세계에 선포한 위대한 독립정신을 계승하여 이제 민주독립국가를 재건함에 있어서 정의인도와 동포애로써 민족의 단결을 공고히 하며 모든 사회적 폐습을 타파하고 민주주의 제도를 수립하여 정치, 경제, 사회, 문화의 모든 영역에 있어서 각인의 기회를 균등히 하고 능력을 최고도로 발휘케 하며 각인의 책임과 의무를 완수케하여 안으로는 국민생활의 균등한 향상을 기하고 밖으로는 항구적인 국제평화의 유지에 노력하여 우리들과 우리들의 자손의 안전과 자유와 행복을 영원히 확보할 것을 결의하고 우리들의 정당 또 자유로이 선거된 대표로서 구성된 국회에서 단기 4281년 7월 12일 이 헌법을 제정한다.

제헌헌법은 의원내각제 요소가 가미된 대통령중심제 정부형태를 취하였다. 대통령, 부통령은 국회에서 선출하며 임기는 4년으로 하고 1차 중임만 가능하도록 하였다. 국회는 단원제로써 임기는 4년이며, 입법권, 예산안 심의 결정권, 조약의 비준과 선전포고에 대한 동의권, 국정감사권, 국무총리 및 국무위원 등의 국회 출석 및 발언 요구권, 대통령 및 각료에 대한 탄핵소추권, 국무총리 임명 동의권 등의 권한이 있었다.

제헌헌법은 특별히 사기업에서 근로자가 법률이 정하는 바에 따라 이익을 균점할 권리가 인정되는 등 현재 우리 사회에서 활발하게 논의되는 경제민주화 관련 조항도 담고 있었다. 이 외에 자유권, 사회적 기본권, 참정권 등 국민의 다양한 권리도 보장되어 있었다.

제헌헌법에 따라 48년 7월 20일 제1대 대통령 부통령 선거가 국회에서 치러졌다. 후보는 대한독립촉성국민회의 이승만, 무소속의 김구, 안재홍 3인이 출마하였다. 선거 결과는 압도적으로 이승만이 대통령으로 선출되었다.

이승만은 7월 24일 대통령에 취임하였고, 8월 15일 중앙청에서 정부수립을 선포하였다. 이승만은 연설을 통해 "이 정부가 대한민국의 처음으로 서서 끝까지 변함없이 민주주의의 모범적 정부임이 세계에 표명되도록 매진할 것입니다"라고 다짐한다.

이승만의 이 다짐은 자신의 첫 임기도 마치지 못한 채 휴지 조각으로 바뀐다.

1950년 구성된 2대 국회의 다수는 이승만의 반대파였다. 1951년 11월 30일, 이승만은 대통령 직선제 개헌안을 국회에 제출하였다. 다음 해인 1952년 1월 18일에 국회가 이를 부결한다. 임시 수도 부산은 피난민으로 들끓었으며 군과 경찰력과 정부 예산은 대통령이 장악한 상황이었다. 이승만은 1952년 5월 26일 직선제 개헌을 반대하는 반대파 의원 50여 명을 헌병대를 동원해 체포 연행하고, 그 중 정헌주, 이석기, 서범석, 임흥순, 곽상훈, 권중돈 등 12명을 국제 공산당 관련 혐의로 구속한다. 이에 항의하여 부통령 김성수는 5월 29일 이승만에 대한 탄핵을 선언하며 사표를 제출한다. 계엄령이 선포되고 국회의원들이 구속되는 와중에 연일 부산에서는 서북청년단 등 정치깡패들이 중심이 되어 친이승만 시위가 벌어지고 있었다. 정치적 공포가 지속되고 있었던 것이다.

6월 20일, 부산 국제구락부에서 야당과 재야인사들이 이승만의 눈을 피해 반독재 호헌 구국 선언을 개최하였고, 이 곳에 괴한들이 난입하여 마구 폭행을 가하는 사건이 발생하였다. 6월 25일에는 대통령 이승만에 대한 암살 미수사건이 터지기도 한다. 6월 30일에는 친이승만 단체들로 구성된 이른바 민중자결단이라는 정치깡패들이 국회의사당을 포위하고 국회의원들을 연금 협박하였다.

정국의 혼란 속에 국회의원 장택상을 주축으로 신라회라는 의원 단체가 만들어지고, 대통령직선제를 골자로 하는 정부안과 내각책임제를 골자로 하는 국회안을 발췌하고 혼합한 이른바, 〈발췌개헌안〉을 마련했다.

7월 4일, 군경들이 국회의사당을 포위한 가운데 국회의원들은 기립하는 방식으로 투표하여 출석 의원 166명 중 찬성 163표, 반대 0표, 기권 3표로 발췌개헌안을 통과시켰다. 이로써 이승만 독재 정권의 기반이 굳어졌다.

발췌개헌안이 국회에서 통과된 지 한 달 하루가 지난 8월 5일 2대 대통령 선거가 국민직선제로 시행되었고, 이승만은 유효투표 수의 74.6%인 523만 8769표를 얻어 대통령으로 당선되었다. 제헌헌법이 파괴되고 독재자 이승만이 탄생하였다.

발췌개헌안으로 대통령 중임에 성공한 이승만의 야욕은 종신집권을 향해 치달았다. 1954년 5월 20일 제3대 국회의원 선거가 치러졌다. 전쟁 후의 혼란 속에서 치러진 제3대 국회의원 선거에서 이승만 정부는 노골적인 대규모 부정을 저질렀다. 거액의 선거자금이 투입되어 막걸리와 고무신을 뿌려 유권자를 매수하였고, 정치깡패들을 고용하여 야당 유세장을 기습하고 야당 후보 및 무소속 후보들에게 테러위협을 가하였다. 이 와중에 야당 정치인 조봉암은 등록서류를 괴한들에게 탈취당해 입후보도 못하였고, 오위영은 협박에 몰려 후보 사퇴를 해야 했다.

부정·타락선거의 결과, 자유당은 114석을 얻어 압도적 승리를 거둔다. 9월 6일 자유당의 이기붕 외 135명의 서명으로 '초대 대통령에 한하여 3선 이상 대통령을 할 수 없다'는 헌법 조항을 철폐하는 안을 핵심으로 하는 헌법 개정안이 국회에 제출된다. 그러나 제출된 개헌안은 국회에 상정되지 못하고 있었다. 개헌안은 국민의 지지를 얻지 못하고 있었다. 한국일보에서 조사한 개헌안 관련 여론조사에서는 초대 대통령에 한해서 연임을 허용한다는 것에 대하여 찬성 16.9%, 반대 78.8%였다. 압도적으로 국민 여론은 이승만의 종신독재에 대해 거부의사를 밝히고 있었던 것이다. 국민들과 야당 국회의원들의 반대 속에 결국 11월 27일 개헌안이 국회에 상정된다.

표결 결과 재적 203명 중 찬성 135표, 반대 60표, 기권 7표로 개헌 정족수인 136표에서 한 표가 모자랐다. 개헌안에 서명했던 국회의원 수는 136명이었는데, 한 표가 이탈 혹은 실수로 찬성하지 않았던 것이다. 국회에서는 부결이 선언된다.

이같은 우연으로 독재자 이승만의 야욕이 저지되었고 민심이 승리한 것처럼 보였다. 그런데 다음날 이승만은 부결된 개헌안의 가결 정족수가 136표가 아니고 135표라고 주장하면서 개헌안은 통과되었다고 주장한다. 재적의원 203의 3분의 2는 135.3333...인데 사람을 나눌 수가 없으니 소수점 이하를 사사오입하면 3분의 2는 135명이라는 주장이었다. 29일 야당이 총 퇴장한 가운데 여당 국회의원에 의해 단독으로 '개헌안부결번복가결동의안'이라는 희한한 이름의 동의안이 통과된다. 종신독재의 야욕에 불탄 독재자에 의해 2번째로 헌법이 유린된 것이다.

　독재자 이승만의 말로는 비참하였다. 종신집권의 야욕에 그치지 않고 이승만은 국민의 선택과 관계없이 자신의 권력을 자신이 지목한 후계자에게 넘기려고 하였다. 이승만의 야욕은 노골적인 부정과 불법이 난무한 1960년 3월 15일의 대대적인 부정선거를 통해 거의 이뤄지는 듯했다. 그러나 분노한 국민의 저항은 거셌고 결국 이승만은 '4.19 혁명'이라는 대대적인 국민들의 저항에 직면하여 스스로 대통령직을 내려놓아야 했다. 1960년 4월 27일 이승만 대통령이 하야하였고, 그 다음날 이승만의 후계로 지목되었던 부통령을 지낸 이기붕과 그의 부인 박마리아, 그의 큰아들이자 이승만의 양자였던 이강석과 둘째 이강욱이 집단 자살하였다. 일설에는 당시 육군 소위였던 이강석이 가족들을 총으로 쏴 죽이고 자신도 자살하였다고 한다.

5월 3일에는 선거부정의 책임을 지고 선거를 총괄하였던 내무장관 최인규가 구속되었다. 조사결과 부정선거에는 자유당이 깊숙이 개입되었고, 정치깡패들이 동원되었으며, 내무부 소속 공무원들이 조직적으로 개입하였음이 드러났다. 내무부의 차관급과 실국장급 간부들은 구속되었고, 내무부 장관 최인규는 사형을 선고받는다. 최인규는 1961년 5.16 쿠데타 이후 등장한 혁명재판부에서 3·15 정·부통령 부정선거를 지령한 혐의로 사형이 확정되고 그해 12월 서울교도소에서 사형이 집행되었다.

　대통령 자리에서 물러난 이승만은 5월 29일 대통령 권한대행 겸 내각 수반이었던 허정의 주선에 의해 미국으로 망명하였다.

한강에서
궁정동까지

이승만이 비참하게 조국 대한민국을 떠나 미국으로 망명한 지 채 1년도 되지 않은 1961년 5월 26일 새벽 3시, 대한민국 국군 제2군 사령부 부사령관 박정희 소장과 대한민국 육군사관학교 출신을 주축으로 하는 약 250여 명의 장교들이 이끄는 3,500여 명 가량의 병사들이 한강을 넘어 서울의 주요 기관을 점령하였다. 군 통수권을 가지고 있던 제2공화국의 국무총리 장면은 이날 새벽 4시경 정변 소식을 접하고 미국 대사관으로 향하였다. 대사관 문은 열리지 않았고, 장면은 인근의 카르멜 수도원으로 피신한다.

군 통수권자의 부재 상황에서 쿠데타 세력은 육군참모총장 장도영을 의장으로 추대하고 쿠데타 최고 책임자인 박정희 소장을 부의장으로 한 군사혁명위원회를 구성한 후 6개 항의 혁명 공약을 발표한다. 공약은 다음과 같은 내용을 담고 있었다.

첫째, 반공을 국시의 제일의로 삼고 지금까지 형식적이고 구호에만 그친 반공태세를 재정비 강화한다.

둘째, 유엔헌장을 준수하고 국제협약을 충실히 이행할 것이며 미국을 위시한 자유 우방과의 유대를 더욱 공고히 한다.

셋째, 이 나라 사회의 모든 부패와 구악을 일소하고 퇴폐한 국민도의와 민족정기를 바로잡기 위해 청신한 기풍을 진작시킨다.

넷째, 절망과 기아선상에서 허덕이는 민생고를 시급히 해결하고 국가자주경제 재건에 총력을 경주한다.

다섯째, 민족의 숙원인 국토통일을 위해 공산주의와 대결할 수 있는 실력배양에 전력을 집중한다.

여섯째, 이와 같은 우리의 과업이 성취되면 참신하고도 양심적인 정치인들에게 언제든지 정권을 이양하고 우리들은 본연의 임무에 복귀할 준비를 갖춘다.

쿠데타를 주도한 군부세력은 그들의 혁명 공약과는 달리 정권을 이양하고 다시 군대로 복귀할 의사가 추호도 없었다. 이들은 국가재건최고회의라는 한시적 권력기구를 활용하여 자신들의 권력 기반을 만들고 선거라는 합법적 절차를 통해 권력을 장악할 계획을 세웠다.

선거라는 합법적 절차를 통해 권력을 장악하기 위해서는 가장 먼저 자신들의 집권 기반이 될 정당을 만들어야 했다. 또 한편으로는 비록 군사쿠데타라는 물리력 앞에 지금은 숨죽이고 있지만, 선거라는 열린 공간에서 자신들의 정치적 반대 세력이 될 것이 틀림없는 정치세력을 약화시키고 이들을 통제할 수 있는 방법도 찾아야 했다. 이들의 계획은 크게 3가지로 진행되었다.

첫 번째로는 중앙정보부의 창설이었다. 중앙정보부의 창설은 쿠데타 세력의 수장인 박정희의 조카사위이자 소장파 장교집단의 리더였던 김종필이 중심이 되어 추진되었다. 김종필의 지휘로 5월 16일부터 채 한 달도 되지 않은 6월 10일 국가재건최고회의에서는 중앙정보부법을 공포한다. 초대 정보부장은 김종필이 맡았다. 정보부는 육사 출신 정보계통의 군 장교들을 지휘부로 해서 육본정보국, CIC, HID, 정보연구실 출신 등으로 조직을 구성하였다. 처음 출발 당시는 약 800명의 직원이었고, 이후 그 규모가 대규모로 확대되었다. 중앙정보부는 이후 박정희 정권이 몰락하고 보안사령부를 기반으로 하는 전두환 군부독재가 들어설 때까지 정권수호의 최첨병 역할을 충실히 수행하였다.

쿠데타 세력의 두 번째 과제는 자신들의 집권기반이 될 정당의 창설이었다. 이를 위해 쿠데타 세력은 우선 기존의 정치인들의 활동을 제한하는 조치를 취하였다. 국회와 지방의회가 해산되고, 집회 시위 결사가 일체 금지되었으며, 정당과 사회단체가 해산되었다. 1962년

3월 16일에는 정치활동정화법을 발효시켜 정치인 4,374명의 정치활동을 금지시켰다.

이렇게 모든 정치적 활동을 금지시킨 상태에서 쿠데타 세력은 정당 설립을 극비리에 진행하였다. 정당 설립은 중앙정보부를 중심으로 하였고, 당의 주축은 쿠데타 주도 세력이었으며, 여기에 이승만 정권의 정치적 기반이었던 구 자유당 세력과 학계와 시민단체의 명망가 일부가 포함되어 있었다. 중앙정보부를 주축으로 한 창당 세력들은 당 자금을 마련하기 위해 국가 정책에 깊숙하게 개입하였는데, 그 중 일부가 폭로되기도 하였으니 새나라자동차사건, 빠징고사건, 증권파동, 워커힐 사건의 4대 의혹사건이다.

쿠데타 세력은 향후 선거에 미칠 영향을 고려하여 언론출판계를 자신들의 권력으로 통제하려고 하였다. '언론출판보도의 사전검열 명령'을 통해 언론보도를 검열하고 저항하는 언론인을 가혹하게 탄압하였다. 대표적으로 4.19 혁명 이후 창간된 민족일보에 대한 탄압이 있었다. 민족일보는 ①민족의 진로를 가리키는 신문, ②부정과 부패를 고발하는 신문, ③노동대중의 권익을 옹호하는 신문, ④양단된 조국의 비원을 호소하는 신문 등을 표방하였다. 민족일보 사장 조용수는 취임사에서 "우리 민족일보는 이러한 민족의 분열과 비원을 영속화시키는 일부의 작용에 대하여 온갖 정력을 기울여 싸울 것"이라고 강조하였다.

군부 쿠데타 세력은 민족일보를 폐간하고 민족일보 간부 13명을

'북한을 찬양·고무한 죄'로 구속한 뒤 이 중 8명에게 사형선고를 내렸다. 국제신문인협회IPI, 국제펜클럽PEN 등 국제적으로 항의성명이 이어지고 구명운동이 벌어졌지만, 군부 쿠데타 세력은 끝내 1961년 12월 21일 조용수 민족일보 사장을 처형하였다.

2006년 11월 28일 대한민국 과거사위원회는 이 사건에 대해 '조용수에게 사형을 선고한 혁명재판부의 판단이 잘못됐다'는 결정을 내리고 국가에 재심을 권고한다. 2008년 1월 16일 대한민국 서울중앙지법 형사합의22부에서는 이 사건에 대해 재심을 열고 조용수의 사형 47년만에 그에게 무죄를 선고하였다.

쿠데타 세력의 집권계획의 네 번째는 헌법 개정이었다. 1962년 12월 17일 새 헌법안이 국민투표에 부쳐졌고, 78.8%의 찬성으로 헌법 개정이 확정되었다. 쿠데타의 주역들은 국민 다수의 찬성표에 고무되었다. 새 헌법은 '국민투표를 통한 대통령의 선출과 대통령을 정점으로 하는 강력한 대통령제'라는 특징을 갖고 있었으며, 대통령은 중임까지만 가능하였다.

박정희는 1963년 10월 15일 개정된 헌법에 근거한 대통령 선거에서 야당 후보 윤보선을 누르고 대통령에 당선된다. 선거 결과 박정희가 대통령으로 선출되었으나, 2위 후보와의 격차는 불과 15만6천28표에 불과하였다. 박정희는 총 1천1백만여 투표자 중 46.65%인 470만2천642표를 얻었고, 2위 후보자였던 윤보선은 45.1%인 454만6천

614표를 얻었다.

전체 선거 자금 중 박정희 후보는 76.9%를 사용하였고, 윤보선은 17.3%에 불과하였다. 압도적 자금과 치밀한 사전 준비에도 불구하고 표 차이가 적었던 이유는 쿠데타 세력의 정치적 지지기반이 그다지 두텁지 않았기 때문이었다.

1967년 5월 3일 대한민국 6대 대통령 선거가 있었다. 박정희는 집권당 후보로 출마하여 자신의 정부에서 추진해왔던 경제개발 5개년 계획의 성과를 설명하고 대통령 재선을 국민들에게 호소하였다. 야당은 4년 전과 마찬가지로 윤보선이 가장 강력한 후보였다. 윤보선은 쿠데타 이후 박정희 정부의 폭력성을 규탄하였고 베트남 전쟁 파견의 부당성을 들어 자신이 대통령이 되어야 한다고 주장하였으나, 국민들은 박정희의 손을 들어주었다.

박정희는 윤보선을 116만여 표 차이로 꺾고 승리하였다. 5대 대통령 선거 때보다 오히려 표의 격차가 더 커졌다. 민심이 박정희 정부의 경제개발 성과를 평가한 것이었다.

헌법에 정해진 바에 따르면 박정희는 이번이 마지막 대통령이었다. 이 때 박정희가 과욕을 부리지 않았다면 아마 대한민국의 민주주의는 훨씬 빨리 정착되었을 것이고, 박정희의 비극적 최후도 없었을 것이며, 그의 딸 박근혜가 청와대에서 퍼스트레이디로 권력의 단 맛을 보지도 않았을 것이다. 그랬다면 이들 가족의 불행한 역사도 없었을 것이다.

1969년 9월 13일 토요일, 공화당은 국회에서 박정희의 3선개헌을 위한 헌법 개정을 시도하였다. 야당은 국회 본회의장을 점거하였고, 의사당 바깥에서는 3천여 명의 학생들이 연좌한 채 3선개헌 결사반대를 외쳤다. 이효상 국회의장은 본회의 개최가 어려우니 오늘은 일단 산회하고 월요일인 15일 다시 본회의를 개최하겠다고 선언한다. 다음 날인 14일 일요일 새벽 2시 30분, 본회의장 건너편에 있는 국회 제3별관에 이효상 국회의장과 집권 여당 국회의원들이 은밀하게 모였다. 이효상 국회의장의 사회로 찬성 122, 반대 0으로 대통령의 3선 연임이 가능하도록 헌법개정안을 통과시켰다.

개헌안은 야당과 학생들의 격렬한 반대에도 불구하고 10월 17일 국민투표에 붙여졌고, 박정희는 이 국민투표에서 개헌안이 부결되면 대통령직에서 물러나겠다고 국민들을 위협하였다. 77.1%의 투표율에 65.1%의 찬성으로 개헌안은 국민투표를 통과한다. 개헌을 위한 국민투표에 대대적인 동원과 금권살포 등의 부정행위가 있었음은 두말할 필요조차 없었다.

1971년 4월 27일 제7대 대통령 선거가 개최되었다. 박정희가 야당 후보 김대중을 약 95만 표 차이로 누르고 3번째로 대통령에 당선된다. 야당 후보 김대중은 "이번 선거에서 박정희가 당선되면 총통제가 실시될 것이다"고 주장하였고, 박정희는 "이번이 마지막이다. 다시는 국민에게 표를 달라고 하지 않겠다"고 주장하였다.

1972년 10월 17일, 박정희는 계엄을 선포하고 4개 항의 비상조치를 단행하면서 결국 두 후보의 주장은 모두 사실로 드러났다. '10월 유신'이라고 불린 이 날의 비상조치의 내용은 아래와 같다.

1. 1972년 10월 17일 19시를 기하여 국회를 해산하고, 정당 및 정치 활동의 중지 등 현행 헌법의 일부 조항 효력을 정지시킨다.
2. 일부 효력이 정지된 헌법조항의 기능은 비상국무회의에 의하여 수행되며, 비상국무회의 기능은 현행 헌법의 국무회의가 수행한다.
3. 비상국무회의는 1972년 10월 27일까지 조국의 평화 통일을 지향하는 헌법개정안을 공고하며, 이를 공고한 날로부터 1개월 이내에 국민 투표에 붙여 확정시킨다.
4. 헌법개정안이 확정되면 개정된 헌법 절차에 따라 늦어도 금년 연말 이전에 헌정 질서를 정상화시킨다.

10월 유신은 헌법을 정면으로 위반한 위헌적 조치였다. 10월 유신과 함께 국회를 해산한 박정희는 12월 27일 유신헌법을 국민투표를 거처 확정한다. 유신헌법의 주요 골자는 다음과 같다.

- 대통령 직선제의 폐지 및 통일주체국민회의의 간접 선거.
- 국회의원의 1/3을 대통령 추천으로 통일주체국민회의에서 선출.
- 대통령에게 헌법 효력까지도 일시 정지시킬 수 있는 긴급조치 권 부여.
- 국회 해산권 및 모든 법관 임명권을 대통령이 갖도록 하여 대통령이 3권 위에 군림할 수 있도록 보장.
- 대통령의 임기를 6년으로 연장하고, 연임 제한을 철폐하여 종신 집권을 가능케 함.

헌법과 민주주의를 정면으로 위배한 권력자의 최후는 비참하였다. 박정희는 종신 대통령으로 철권을 휘둘렀으나, 야당과 대학생 재야인사들을 중심으로 한 국민의 저항은 수그러들지 않았다.

1979년 10월 16일. 그날은 7년 전 박정희가 10월 유신을 선포한 바로 전날이었다. 부산에서 대규모의 시민들이 참여한 시위가 벌어졌고, 시위는 마산, 창원 등 경상남도 일원으로 확산되었다. 부산 출신 야당 정치인인 김영삼을 국회에서 제명한 것에 분노한 시민들이 들고 일어난 것이었다. 10월 18일 부산에 계엄령이 선포되었고, 10월

20일에는 계엄령을 확대하였다. 부산과 마산의 시민들과 진압군 사이의 유혈 충돌이 예상되고 있었다.

10월 26일 저녁 7시경 박정희는 궁정동 안가에서 자신의 경호실장 차지철, 비서실장 김계원, 중앙정보부장 김재규와 함께 가수 심수봉, 한양대 여대생 신재순 등을 불러 연회를 개최하였다. 박정희 집권 시절에 수시로 있던 행사였다.

중앙정보부장 김재규와 경호실장 차지철이 부마 사태의 해결 방안을 둘러싸고 언쟁을 벌였다. 잠시 바깥에 나갔다가 돌아 온 김재규가 양복 안주머니에서 권총을 빼들고 박정희의 심장을 향해 3발의 총알을 쏘았다. 김재규는 훗날 자신에게 사형이 선고된 재판장에서 "유신개헌으로 민주주의가 무너졌다. 유신체제는 민주주의를 위한 것이 아니라 박정희 개인의 영달을 위한 것이다. 나는 자유민주주의를 회복하고 국민의 희생을 막기 위해 박정희를 저격했다"고 주장하였다.

내란 수괴로
사형 선고를 받은 신군부

1979년 10월 26일, 박정희가 김재규 중앙정보부장의 총탄에 사망한 사건은 대한민국과 전세계에 커다란 충격을 주었다. 같은 날 국무총리 최규하는 대통령 유고에 따라 대통령권한대행으로 비상국무회의를 소집하고 제주도를 제외한 전국에 비상계엄령을 선포하였다. 계엄사령관은 육군참모총장 정승화였다.

10.26 사건 직후 각 군의 수뇌부들은 정승화 계엄사령관을 중심으로 군은 철저하게 국가의 보위와 안녕을 지키며, 더 이상 정치에 개입하는 일이 없도록 할 것을 결의하였다.

10월 28일에는 박정희를 쏜 김재규 중앙정보부장이 해임되고, 전두환 보안사령관을 계엄사령부 합동수사본부장으로 임명하였다. 11월 6일 전두환은 10·26 사건 수사 경과를 중간 브리핑하였다. 해당 사건이 김재규의 단독 범행이라는 내용이었다.

전두환은 5.16 군사 쿠데타 시절부터 박정희의 총애를 받았으며, 군 내부에 존재하던 '하나회'라는 육사 출신 각 기수별 사조직을 이끌던 군부 내 실력자였다. 합동수사본부를 이끌던 전두환은 중간 브리핑 이후 비밀리에 허화평, 허삼수, 이학봉, 장세동, 김진영, 황영시, 노태우, 백운택, 박희도, 최세창, 장기오 등 군부 내 실력자들을 접촉하고 군사 쿠데타를 모의하기 시작한다.

박정희 정권을 지탱하던 3대 권력기관은 청와대 경호실(차지철), 청와대 비서실, 중앙정보부였다. 차지철은 10.26 사건 당시 김재규 중앙정보부장의 총에 맞아 사망하였고, 중앙정보부장 김재규는 박정희 시해의 주범으로, 청와대 비서실장 김계원은 김재규와 공모자로 몰려 체포된 상태였다. 보안사령부는 박정희 정권이 중앙정보부와 함께 키워 온 군부 내 핵심 권력기관이었다. 전두환의 야욕을 가로막는 것은 육군참모총장 정승화뿐이었다.

거사일은 12월 12일로 정해졌다. 저녁 6시 전두환은 당시 대통령 최규하에게 정승화 육군참모총장 체포안에 대한 제가를 요청하였다. 정승화가 계엄사령관이었기 때문에 정승화를 체포하기 위해서는 대통령의 결정이 필요하였던 것이다. 최규하 대통령은 이를 거부하였다.

같은 시간 대통령의 결정과 관계없이 정승화를 체포하기 위한 행동은 이미 실행에 옮겨지고 있었다. 수도경비사령부 제33헌병대 50명이 보안사령부 인사처장 허삼수의 지휘 하에 서울 한남동에 위치해 있던 육군총장 관사에 난입하였다. 반란이었다. 저녁 7시 21분, 반란군은 정승화 육군참모총장을 납치하여 보안사령부 서빙고 분실로 끌고 갔다. 9시 30분, 전두환은 황영시 제1군단장, 유학성 국방부 군수차관보 등과 함께 최규하 대통령을 방문, 정승화의 연행 조사를 재가할 것을 재차 요구하였다. 최규하 대통령은 이 요구를 다시 거부하였다. 이날 밤 전두환은 하나회 멤버들을 총동원하였다. 박희도 제1공수특전여단, 최세창 3공수특전여단, 장기오 제5공수특전여단이 서울로 출동하였다. 경기도 고양과 파주 일원에 배치되어 휴전선을 지키던 제9사단(백마부대) 노태우도 병력을 직접 이끌고 중앙청 앞을 점령하였다. 이들은 전두환의 군부 반란에 반대하던 3군 사령관 이건영, 수도경비사령관 장태완, 특전사령관 정병주, 육군본부 작전참모부장 하소곤 등을 무력으로 제압하고 보안사로 연행해갔다.

이 과정에서 특전사령관 비서실장 김오랑 소령, 국방부 50헌병대 경비병력 정선엽 병장, 반란군 측 박윤관 일병 등 다수의 병사들이 총격전으로 사망하였다. 13일 새벽 5시, 전두환은 노재현 국방부 장관을 끌고 최규하 대통령을 다시 방문하였다. 공포에 질린 최규하 대통령에 의해 정승화 계엄사령관에 대한 체포 연행이 승인되었다. 13일 오후 노재현 국방부 장관이 담화문을 통해 10.26 사건 연루자로 정승화 육군참모총장이 연행되고 관련 장성 일부가 체포되었으며, 신임 계엄사령관에 이희성 육군 대장이 임명되었음을 국민들에게 발표하였다.

12.12 군사반란이 성공한 다음날 전두환은 보안사령관 직을 유지한 채 중앙정보부 차장보를 겸임하였다. 사실상 대한민국의 양대 정보기관이 전두환의 수중에 떨어진 것이었다. 1980년 1월 군 내부에 대대적인 인사 개편이 이뤄졌다. 보안사령관 전두환을 지지하는 군부 인사들로 군대 내 요직이 채워졌다. 2월에는 보안사령부 내에 언론반이 설치되었다. 3월에 전두환은 군인사법을 어기고 소장에서 중장으로 진급하였고, 4월 14일에는 법률이 정한 정보기관 일인독점 금지를 어기고 중앙정보부장 서리로 취임하였다. 당시 TV에 비추던 전두환의 모습은 국가변란 상황에서 앞뒤 재지 않고 우직하게 업무를 수행하는 충직한 군인의 모습이었다. 그러나 전두환은 군인 시절부터 권력지향적인 인물이었다. 박정희의 강력한 후원 하에 군부 내 박정희 후계자로 지목되었고, 하나회를 통해 군부 요직을 장악하고 유신정권을 지탱해왔던 인물이었다. 그는 이미 박정희의 자리는 자기 것이라고 생각하고 있었고, 그 자리를 다른 누구에게도 내줄 생각이 없었다. 전두환은 사석에서 "김종필은 흠이 많고 경솔해서, 김영삼은 아직 어리고 능력이 부족해서, 김대중은 사상을 도무지 믿을 수 없기 때문에 절대로 대통령이 되어서는 안 될 인물이다"고 주장하였다.

1979년 12월 6일 최규하 대통령은 박정희가 내렸던 긴급조치를 해제하고 개헌 논의를 허용한다. 긴급조치란 유신헌법 제53조에 근거하여 대통령의 명령으로 헌법상의 국민의 자유와 권리를 잠정적으로 정리할 수 있는 권리를 말한다. 유신헌법 제정 후 79년까지 긴급조치는 제1호부터 제9호까지 내려졌다. 이 조치는 언론출판의 자유를 탄압하거나, 법률에 의하지 않은 긴급체포, 대학 휴교령, 유신헌법에 대한 개정 논의 불허 등 다양한 내용들을 담고 있었다. 최규하는 긴급조치 해제와 개헌 논의 허용과 함께 그동안 긴급조치에 의해 처벌되었던 정치인들과 재야인사, 대학생들을 복권하는 조치를 내린다.

1980년 봄은 유신체제가 종말을 고하고 민주주의 시대가 도래할 것이라는 기대와 전두환에 의한 군사독재로 후퇴할 것이라는 우려가 함께 하고 있었다. 학생들과 재야인사 및 여야 정치인들은 전두환을 견제하고 민주정의 회복을 주장하였다. 학기가 시작되면서 대학교 안에서 산발적으로 벌어지던 시위가 5월 들어서면서부터 규모가 커지고 거리로 나오기 시작하였다. 서울역 광장에는 수도권 대학생 10만 명 이상이 운집하여 시위를 벌이기도 하였다. 5월 12일 국회에서는 여야 합의 하에 계엄령을 해제할 것과 개헌 문제를 논의하였다. 여야는 5월 20일 임시국회를 열어 개헌안과 계엄령 해제를 결정하기로 합의하였다.

정치권과 대학생들의 민주주의를 향한 움직임이 점점 커져가고 있을 때, 물밑에서는 전두환의 정권 장악 계획이 진행중이었다. 1980년 5월 초 보안사령부에서는 그동안 치밀하게 준비해왔던 '비상계엄 전국 확대', '국회 해산', '국가보위비상대책위원회 설치' 등을 포함하는 이른바 '시국수습방안'을 전두환에게 제출하였다. '시국수습방안'

은 곧 전두환의 집권 방안이었다.

전두환은 12.12 군사반란의 주역들에게 '시국수습방안'을 제시하고 동참할 것을 약속받는다. 5월 12일 중앙정보부는 임시국무회의에서 북괴군이 특이 동향을 보이고 있다면서 북괴남침이 있을 수 있다는 이른바 '북괴남침설'을 보고한다. 중앙정보부의 신뢰가 바닥에 떨어진 상태에서 국무의원들을 설득하기 위한 방법으로 '북괴남침설'은 일본 내각 조사실 한반도 담당반장이 제공하였다는 근거도 제시하였다.

1980년 5월 17일 전두환 등 신군부 세력은 마침내 그동안 치밀하게 준비해왔던 '시국수습방안'을 실행에 옮긴다. 최규하 대통령이 집무하던 중앙청과 국회가 군 병력에 완전히 포위되었고, 보안사와 중앙정보부 요원들은 사전에 작성된 연행계획에 따라 영장도 발부받지 않은 채 김대중, 김종필 등 정치인들과 재야인사들을 일제히 체포하였다. 체포 대상이 아닌 야당 정치인들도 군 병력을 동원하여 가택에 강제 연금하였다. 국회는 폐쇄되었다. 이날 전두환은 비상계엄을 전국으로 확대하였고, 계엄 포고령 제10호를 발표하여 정치활동의 일체 금지, 휴교령, 언론 사전 검열 등의 조치를 내렸다.

다음날인 5월 18일 신문과 방송에서는 김대중 등 정치인과 재야인사들에 대한 신군부의 긴급체포에 관한 기사가 전면에 실렸다. 비상계엄이 전국으로 확대되고 전국의 주요 대학에 계엄군이 주둔해 있었다. 계엄군의 삼엄한 경계 속에서도 전남대 학생들은 시위를 벌였고, 시민들이 합세하면서 점점 시위대 규모가 커졌다. 전두환은 광주와 전라남도 일대에 공수특전대를 투입하여 시위대에 맞섰다.

다음 날인 5월 19일 5천여 명의 시위대가 광주 금남로 일대에 집결하였고, 계엄군은 장갑차를 앞세우고 착검한 군 병력을 내세워 시위대 해산을 시도하였다.

5월 20일에는 시위대가 20만 명으로 커졌고, 이들은 저지선을 뚫고 시청을 장악하였다. 계엄군은 광주와 연결되는 모든 시외 전화 연결을 금지시키고 광주로 통하는 시 외곽 도로를 모두 차단하여 광주시로의 출입을 막았다. 광주는 고립되었고, 광주 외 다른 지역의 국민들은 "광주가 폭도들에 의해 점령되었고 계엄군이 평화롭게 진압하고 있다"는 언론 발표만을 받아 볼 뿐이었다. 그날 저녁 11시 계엄군의 첫 발포가 있었다.

5월 21일 시위대를 향한 계엄군의 발포로 광주 시민 수십여 명이 사망하였다. 분노한 시민들은 광주시 곳곳의 경찰서를 습격하여 칼빈총 등으로 스스로 무장하기 시작하였다. 무장한 시민들에 의해 광주 도청이 점령되고, 광주 전역에 투입되었던 계엄군 병력들은 트럭을 타고 광주시에서 철수하였다.

5월 22일 광주시민들은 '5.18사태 수습 대책위원회'를 구성하고 계엄군과 협상을 시도하였다. 협상이 결렬되고 5월 27일 새벽 고립된 광주시에 공수특전대 병력이 탱크와 전투 헬기를 앞세우고 진입을 시작하였다. 도청을 사수하던 수많은 시민군들이 계엄군에 의해 쓰러지고, 5.18 광주 민중항쟁이 계엄군에 의해 진압되게 된다.

5월 27일 전두환은 대통령 최규하가 주재하는 국무회의에 '국가보위비상대책위원회'의 설치안을 제출하고 국무회의는 그 안을 통과시킨다. 5월 30일 전두환을 상임위원회 위원장으로 하는 국가보위비상대책위원회가 출범하였다.

8월 16일 제10대 대통령 최규하가 사임하였다. 대한민국 전군지휘관회의가 열렸고, 이날 회의에서 전군의 지휘관들은 전두환을 국가원수로 추대하였다. 아무런 법적 근거가 없는 행위였다. 전두환은 국가원수 자격으로 자신의 어깨에 달려 있던 별 두 개를 떼어 내고 별 4개를 달았다. 8월 22일 육군 대장으로 예편한 전두환은 8월 29일 장충체육관에서 열린 최규하의 후임 대통령을 선출하는 통일주체국민회의에 단독 출마하여 대통령으로 선출되었다.

대통령이 된 전두환은 10월 17일 비리정치인 정치활동금지법 발표와 함께 정당해산령을 내렸다. 민주공화당과 유신정우회, 신민당, 통일사회당, 민주통일당 등이 해산되었다.

10월 27일 7년 단임 대통령제를 중심으로 한 헌법이 통과되었다. 12월 초에는 신군부 세력 중심의 민주정의당과 관제 야당 민주한국당, 한국국민당이 만들어졌다.

1981년 3월 3일 새로운 헌법에 의해 7년 단임 대통령으로 선출된 전두환을 수반으로 하는 제5공화국이 출범하였다.

쓰레기통에서
핀 장미꽃

1980년 광주 시민의 저항을 폭력적으로 짓밟고 권력을 장악한 전두환 정부는 집권 기간 내 대학생과 노동자, 농민, 청년시민단체, 재야단체와 김대중 김영삼을 대표로 하는 선명 야당의 강력한 저항을 받아왔다. 5공화국의 7년 동안 대한민국에는 '살인마 전두환'이라는 학생과 국민들의 저주와 함께 '독재타도 민주쟁취'라는 구호가 하루도 빠지지 않고 어디선가 외쳐졌다. 저항 세력의 주장은 점차 국민들의 마음을 사로잡았다. 수많은 학생들이 구속 수감되었고, 중앙정보부와 보안사에 의해 수많은 조작 사건들이 발생하였음에도 저항은 수그러들지 않았다.

　1987년은 전두환의 임기가 만료되고 후임 대통령을 선출하는 해였다. 새해 벽두인 1월 14일 치안본부 대공수사단 남영동 분식 509호에서 물고문을 당하며 조사받던 박종철 학생이 사망하는 사건이 발생한다. 국민들의 분노는 커져갔다. 87년에 들어서면서 다양한 주장으로 갈라졌던 저항세력은 '독재타도'와 '직선제개헌'으로 구호를 통일하였고, 전두환 정권이 후임자에 의해 계속되는 것을 거부하였다.

1987년 6월 10일 잠실체육관에서 민주정의당 제4차 전당대회 및 대통령 후보 지명대회가 열린다. 대통령 전두환의 오랜 맹우였던 노태우가 민정당 제13대 대통령 후보로 선출되었다.

전날인 6월 9일 연세대학교 대학생 이한열이 학교 앞 시위 중 경찰이 쏜 최루탄에 맞아 쓰러졌다. 분노한 민중들은 6월 10일 서울을 포함하여 전국 각지에서 대규모 반정부 시위를 열었다. 대한성공회의 서울주교좌대성당에서는 '민주헌법쟁취국민운동본부' 주최로 '박종철군 고문치사 조작, 은폐 규탄 및 호헌철폐 국민대회'가 개최되었다.

시위대에는 양복 차림에 넥타이를 맨 중산층 시민들이 다수 참여하였고, 여고생들은 시위대에게 마실 물과 도시락을 날라 주었다. 오후 6시에는 전두환 독재정권에 대한 민중항쟁의 뜻으로 차를 세워서 경적을 울리거나 흰 손수건을 흔들어 달라는 국민운동본부의 요청에 화답하여 전국 곳곳에서 택시운전사들과 시내버스에서 경적소리가 울렸고, 수많은 시민들이 흰 손수건을 흔들었다.

6월 26일 전국 37개 도시에서 국민평화대행진이 전개되었다. 전국 파출소 29곳, 경찰서 2곳, 민정당사 4곳이 시민들의 손에 불태워졌고, 전국 곳곳에서 3,467명이 경찰에 체포 연행되었다. 이들은 경찰의 연행에 순순히 응하였다.

6월 29일 민정당 대선 후보였던 노태우에 의해 제안되고 현직 대통령 전두환이 이를 승낙하는 형식을 취한 6.29 선언이 발표된다. 6.29 선언은 아래와 같은 내용을 담고 있었다.

1. 여, 야 합의하에 조속히 대통령 직선제 개헌을 하고 새 헌법에 의한 대통령 선거를 통해서 1988년 2월 평화적인 정부이양을 실행하도록 한다.
2. 직선제 개헌이라는 제도의 변경뿐만 아니라 이의 민주적 실천을 위하여 자유로운 출마와 공정한 경쟁이 보장되어 국민의 올바른 심판을 받을 수 있는 내용으로 대통령 선거법을 개정하여야 한다.
3. 정치권은 물론 모든 분야에 있어서의 반목과 대결이 과감히 제거가 되어 국민적 화해와 대단결을 도모하여야 한다.
4. 인간의 존엄성은 더욱 존중되어야 하며, 국민 개개인의 기본적 인권은 최대한 신장되어야 한다.
5. 언론자유의 창달을 위해서 관련제도와 관행을 획기적으로 개

선해야 한다.

6. 사회 각 부분의 자치와 자율은 최대한 보장되어야 한다.

7. 정당의 건전한 활동이 보장되는 가운데 대화와 타협의 정치풍
토가 조속히 마련되어야 한다.

8. 밝고 맑은 사회건설을 위하여 과감한 사회 정화 조치를 강구
해야 한다.

민정당 대통령 후보였던 노태우의 6.29 선언을 계기로 직선제 개
헌이 추진되었고, 여야합의로 만들어진 새 헌법이 10월 27일 국민투
표로 확정된다. 현행 대한민국 헌법이다. 아쉬운 것은 이때의 헌법이
여야 정치인들만의 합의가 있었을 뿐 '민주헌법쟁취국민운동본부' 등
대규모 시위에 참여하였던 국민들의 의사가 번영되지 못하였다는 점
이다.

새로 만들어진 헌법에 따라 1987년 12월 16일 수요일 제13대 대통
령 선거가 치러졌다. 노태우가 36.6%의 최다 득표로 대통령으로 당
선되었다. 김영삼과 김대중 두 야당 지도자가 끝내 단일화에 합의하
지 못하고 독자 출마한 결과였다. 김영삼은 28%, 김대중은 27%, 김종
필이 8.1%를 득표하였다. 비록 군부 독재의 후계자인 노태우가 대통
령으로 당선되긴 하였으나, 이 역시 국민들의 선택이었다. 5년 후에

는 새로운 대통령을 선출할 권리가 국민들에게 주어져 있다는 사실이 국민에게는 대통령이 누구인가보다 훨씬 중요했던 것이다.

끝내 독재정권은 무너졌고, 군사반란과 광주항쟁을 무력으로 진압하고 신군부 정권을 세웠던 전두환, 노태우와 함께 했던 군부 인사들은 모두 내란죄로 처벌을 받는다. 이들은 1997년 4월 17일 대법원에서 최종 확정판결을 받았다. 대법원은 이들에게 반란수괴·반란모의참여·반란중요임무종사·불법진퇴·지휘관계엄지역수소이탈·상관살해·상관살해미수·초병살해·내란수괴·내란모의참여·내란중요임무종사·내란목적살인·특정범죄가중처벌 등에 관한 법률위반(뇌물)의 범죄를 저지른 것으로 판시하였고 전두환과 노태우에게 사형을 선고하였다.

1980년의 광주항쟁 주모자로 몰려 내란음모혐의로 군사재판을 통해 사형을 선고받았던 야당 지도자 김대중은 6월 항쟁 이후 새 헌법에 따라 제14대 대통령으로 선출되었다. 김대중의 내란음모혐의는 2004년 1월 재판부의 재심을 통해 무죄 판결을 받았다. 당시 재판부는 "79년 12·12사태와 80년 5·18을 전후해 발생한 신군부의 헌정파괴범행을 저지하거나 반대함으로써 헌법의 존립과 헌정질서를 수호하기 위해 행한 정당한 행위이므로 형법 제20조의 정당행위에 해당, 범죄가 되지 않는다"고 판시하였다.

대한민국의 재판부는 최종적으로 전두환과 노태우와 그의 일당들이 내란죄를 범하면서 정권을 찬탈하였고, 그 과정에서 국민들과 함께 저항하였던 김대중에게 내란음모의 혐의를 씌운 것으로 최종 판시하였다.

내란죄로 사형을 선고받았던 전두환과 노태우는 1997년 12월 22일 지역감정 해소 및 국민대화합을 명분으로 한 대통령 특별사면에 의해 석방되었다. 당시 이들을 사면시켜 풀어준 것은 김대중 대통령이었다. 전두환과 노태우, 그리고 김대중 3명의 대통령이 얽힌 내란죄는 그 사연을 알게 되면 참으로 우리 역사의 드라마틱한 전개에 감탄하면서 새삼스럽게 사필귀정이라는 말을 되새기게 된다.

박정희의 유신통치 시절 한 영국 언론에서는 "한국에서 민주주의가 꽃 피기를 기대하는 것은 쓰레기통에서 장미꽃이 피길 기대하는 것이나 같다"고 대한민국을 조롱하였다. 전두환의 집권 초반에는 주한미군 사령권 위컴이 "한국민의 국민성은 들쥐와 같아서 누가 지도자가 되든 그 지도자를 따라갈 것이며, 한국민에게는 민주주의가 적합하지 않다"라고 말한 적도 있다.

그러나 우리 국민들은 언제나 민주주의 파괴 앞에서 단호하게 맞서 싸웠고, 한 번도 물러서 들쥐처럼 맹종한 적은 없었다. 4.19로 이승만의 종신집권을 막아냈고, 70년대에는 치열하고 장기적인 대학생들과 재야 정치인들과 노동자들 그리고 시민들의 저항이 있었다. 그 저항이 있었기 때문에 정권의 심장부에 총알이 박힐 수 있었다. 탱크와 헬리콥터를 동원해 국민을 학살하고 집권하여 온 국민을 공포로 얼어붙게 만들었던 5공화국의 7년은 대한민국 전역에서 최루탄과 화염병이 난무하였던 전장터였다. 국민들은 서로 어깨를 걸고 거리로 쏟아져 나와 끝내 정권의 양보를 받아내었다.

대한민국 국민들은 민주주의의 주인으로 헌법의 주권자로서 자신들의 권리를 피로써 쟁취해 낸 위대한 역사를 만들어 내었다.

월드컵과
촛불 시민들

87년 직선제 개헌에 의해 국민주권의 하나로 대통령과 국회의원을 국민들의 손으로 직접 선출할 수 있게 되었다. 1991년 3월 26일에는 지방자치체 부활에 따라 구시군(기초) 의회의원과 6월 20일에는 시도(광역)의회 의원선거가 치러졌다. 1995년 6월에는 자치단체장까지 직선제로 선출하게 되면서 지방자치제도가 전면화 되었다. 대한민국의 오랜 민주화 여정이 마침내 마무리되는 것처럼 보였다.

특히 1998년 직선제 개헌에 따라 김대중이 대통령에 선출되면서 여야 간의 평화로운 정권교체까지 이뤄졌다. 박정희 유신독재와 전두환 군부독재에 맞서 싸웠던 재야와 학생운동 출신들 중 일부는 여야 정당에 참여하거나 독자 정당을 만들어 정치권에 진입하였다. 일부는 민주화 시대에 맞는 새로운 방식의 시민 중심의 사회개혁운동을 시작하였다.

그러나 민주화 이후에도 민주주의는 은밀하게 혹은 노골적으로 파괴되었다. 그리고 국민들은 지금까지와는 전혀 다른 방식으로 민주주의를 새롭게 만들어나가기 시작하였다.

2002년 6월 13일 목요일, 제3회 전국동시지방선거가 치러진 날이었다. 이날 오전 10시 30분 경 경기도 양주시 광적면 효촌리 소재의 지방도로 제56호선에서 갓길을 걷던 두 여학생이 주한미군 보병 2사단 대대 전투력 훈련을 위해 이동중이던 장갑차에 깔려 현장에서 즉사하는 사건이 발생한다. 당시 중학교 2학년에 재학 중이던 14살의 신효순과 심미선은 효촌초등학교를 나온 동창이었다. 다음날이 효순 양의 생일이어서 친구들과 만나 의정부로 놀러가기로 약속하고 초가집이라는 식당에서 만나기로 하여 약속장소로 이동중이었다. 사고가 난 도로는 인도가 따로 없는 편도 1차선의 좁은 도로로, 주민들은 평소 갓길로 통행해 왔다. 사고가 난 이후 유족들은 "당시 사고 차량의 너비가 도로 폭보다 넓은 데다 마주오던 차량과 무리하게 교행을 시도했다"면서 "이번 사고는 이미 예견된 살인행위였다"고 주장했다.

미군 당국은 사고 당일 미8군 사령관의 명의로 유감의 뜻을 전하고, 다음 날인 6월 14일 미 보병 2사단 참모장 등이 분향소를 직접 방문하여 문사하고 피해자의 유가족에게 각각 위로금 100만원과 배상금 1억9천여만 원씩을 전달하였다. 미군 측은 15일 장례식이 끝나면 유가족과 사단장이 면담할 수 있도록 약속도 하였다. 그러나 장례식이 끝난 후 미군 측은 번역상의 실수를 이유로 면담 약속을 파기한다.

당시는 아시아에서 최초로 열린 한일월드컵이 한창 진행중이었다. 대한민국은 월드컵 4강에 올랐다. 대한민국 전체가 축제였다. 45년 해방된 이래 굴곡의 역사를 헤치고 OECD 선진국으로 도약하고 국민의 힘으로 직선제를 쟁취하고 그 결과물로 정부수립 후 최초의 정권 교체까지 숙제를 다 마친 국민들이었다. IMF의 위기도 뛰어넘었고, 6.15 공동선언으로 한반도 통일도 머지않은 것처럼 보였다. 대한민국 국민들의 자존심은 한 여름의 태양만큼이나 뜨겁게 불타올랐다.

월드컵이 끝나고 국민들은 경기도 양주의 한 시골에서 발생했던 미선 효순 사건에 조금씩 주목하기 시작한다. 슬프고 안타까운 일이었지만, 그 책임소재가 명확히 규명되고 진상이 밝혀지기를 기대하고 있었다.

사고 발생 약 20일 뒤인 7월 3일 미군 당국은 당시 운전병과 관제병을 과실치사죄로 미 군사법원에 기소하였다. 국민들은 의문을 가졌다. '왜 운전병과 관제병만이지? 지휘책임은? 그리고 우리 땅에서 일어난 사건이고 우리 국민이 희생되었는데 왜 미 군사법원이지?'라는 의문이었다.

사건 발생 후 주한미군의 대응을 지켜보던 유족들은 이미 6월 28일 차량 운전병과 관제병, 미2사단장 등 미군 책임자 6명을 업무상 과실치사 혐의로 의정부 지청에 고소한 상황이었다. 대한민국 검찰은 이 고소를 받아들여 미군에 대한 자체 조사를 벌이기로 하였다. 하지만 미군 측은 신변위협을 느낀다면서 대한민국 검찰의 소환 요청을 거부하였다. 대한민국 법무부는 7월 10일 미국 측에 재판권 포기 요청서를 발송하였다. 미국은 8월 7일 "동 사고가 공무중에 일어난 사고이기에 재판권이 미국에 있으며, 이제껏 미국이 1차적 재판권을 포기한 전례가 없다"라는 이유를 들어 재판권 포기를 거부한다.

월드컵의 열기가 넘치는 와중에도 이 사건은 크게 주목을 받고 있었다. 시민단체들과 유족들은 '미군 장갑차 여중생 고 신효순, 심미선 양 살인사건 진상규명 및 책임자처벌 범국민대책위'를 구성하였다. 유족들의 요구와 다르게 사태가 전개되면서 대책위는 이에 항의하는 집회를 이어갔다. 미군의 자체 조사가 마무리되고 미군 2명만이 기소된 다음 날인 7월 4일(이날은 미국 독립기념일이었다) 의정부 미 2사단 레드클라우드 부대 앞에서 '미군장갑차 여중생 살인사건 진상규명 및 책임자 처벌 제3차 범국민대회'가 열렸다. 대회가 진행되기 전부터 대한민국 전경들이 5겹으로 미군부대 벽을 둘러쌌으며, 정문 앞에는 12겹으로 늘어서 삼엄한 경비를 펼치고 있었다. 이 날 대회에는 대책위뿐 아니라 녹색연합, 민가협, 민주주의민족통일 인천연합, 보건의

료노조실천단, 황학동아파트철거대책위원회 등 다양한 시민사회단체 회원 500여 명이 참여하였다.

11월 18일부터 11월 23일까지 동두천 캠프 케이시 내 미 군사법정에서 열린 군사재판에서 배심원단은 기소된 미군 2명 모두에게 공무를 행하던 중 발생한 과실사고임을 근거로 무죄not guilty 평결을 내린다. 미군 측에서는 무죄 평결이 있은 5일 후인 11월 27일 사과 성명을 발표한다. 주한미군 사령부가 발표한 성명에서 사령관 리온 J. 라포트 대장은 "우리 모두는 여전히 진한 슬픔을 느끼고 있으며, 다시 한번 한국 국민에게 사과의 말씀을 드린다. 그리고 고 심미선 양과 고 신효순 양의 유가족과 친지들에게도 마음의 상처가 아물고 빠른 시일 내에 평온을 되찾기를 희망한다"고 밝혔다.

무죄 평결이 내려진 시점은 제15대 대선이 채 한 달도 남지 않았을 때였다. 2002년 대선은 노무현 민주당 후보를 지지하는 대중들이 자발적으로 인터넷 상에서 노사모를 조직하고 온라인을 통해 치열한 선거운동을 벌이는 양상을 보였다. 이전 대선과는 확연히 다른 모습이었다. 1995년부터 도입되기 시작했던 인터넷은 2002년부터 본격적으로 새로운 정치 참여의 장으로 사용되었다. 대한민국 땅에서 벌어진 주한미군의 훈련 도중 발생한 사고의 재판을 미군에서 전담하는 것도 국민들에게는 분노였고, 그 사고의 책임자로 기소된 사람이 운전병과 관제병 단 둘이었다는 점도 의문이었으며, 최종적으로 무죄 평결이 내려지면서는 이 나라가 자주독립국인가라는 울분이 터져 나왔다.

11월 26일 광화문 광장에 대규모 촛불집회가 열렸다. 이날의 집회는 1987년 있었던 6월 항쟁 이래 최대 규모의 시민이 참여하였다. 촛불집회에서는 반미 구호가 외쳐졌다. 미국은 당황하였고, 미국 고위 관리들이 나서서 사과하였으며, 당시 대통령 조지 워커 부시 대통령도 유감을 표명하였다. 주한미군 주둔 및 재판권과 관련해서 한미 간 협의가 시작되었고, 오랜 시간을 끈 후인 2012년 5월 주한미군지위협정SOFA을 개정하여 한국 땅에서 일어난 미군 범죄피의자를 기소 전에 한국 당국에 인도할 수 있도록 협정 운용이 개정되면서 이 사건은 최종 마무리된다.

대통령을
지켜낸 시민들

"총투표수 195표 중 가 193표, 부 2표, 헌법 제65조 제2항 단서의 규정에 의하여 대통령 (노무현) 탄핵소추안은 가결되었음을 선포합니다."

2004년 3월 12일, 국회에서 노무현 대통령의 탄핵소추안이 의결되었다. 헌정 사상 초유의 사태가 발생했다.

그 날의 탄핵 의결은 열린우리당이 표결에 반발하여 불참한 가운데 소추안에 대한 투표가 이뤄졌다. 당시 탄핵소추안은 엉뚱하게도 노무현 대통령이 대통령에 당선될 당시 소속 정당이었던 새천년민주당이 제출하였고 한나라당과 자유민주연합이 동조하여 투표가 이뤄졌다.

국민들의 60~70% 이상은 노무현 대통령 탄핵이 부당하다고 판단하였다. 노무현 대통령은 취임한 지 막 2년이 경과한 시점이었다.

탄핵까지 이르는 과정과 탄핵소추 사유를 보면 왜 그렇게 많은 국민들이 노무현 대통령의 탄핵이 부당하다고 생각했는지 알 수 있다.

당시 노무현 대통령은 자신이 당선될 당시 소속 정당이었던 새천년민주당에서 갈라져 나온 열린우리당 소속이었다. 사실 새천년민주당에서 다수의 의원들이 탈당하여 열린우리당으로 갈라진 것은 우리 정치 역사, 특히 야당 역사에서 심각한 분열과 갈등의 씨앗을 뿌린 매우 잘못된 결정이었고, 그 결정의 배후에 노무현 대통령의 의도 혹은 묵시적 찬동이 있었음은 명확하다. 이런 상황에서 여당인 열린우리당은 의석수는 3분의 1에도 미치지 못했는데 2004년 6월 예정된 국회의원 총선을 앞둔 상황에서 열린우리당의 의석수 확보는 대통령인 노무현에게는 사활이 걸린 문제이기도 하였다.

이런 상황에서 2004년 2월 18일 노무현 대통령은 경인지역 6개 언론사와 가진 합동회견에서 "개헌저지선까지 무너지면 그 뒤에 어떤 일이 생길지는 나도 정말 말씀드릴 수가 없다"라고 발언하였다. 이 발언은 집권당인 열린우리당의 지지를 유도한다는 비난을 받게 된다. 또 2월 24일에는 방송기자클럽 초청 대통령기자회견에서 "국민들이 총선에서 열린우리당을 압도적으로 지지해줄 것을 기대한다"는 발언과 "대통령이 뭘 잘해서 열린우리당이 표를 얻을 수만 있다면 합법적인 모든 것을 다하고 싶다"는 발언을 하며, 이 역시 대통령의 선거중립의무를 위반했다는 논란에 휩싸이게 되었다.

야당의 반발 속에 3월 3일 중앙선거관리위원회는 노무현 대통령에게 공직선거및선거부정방지법을 위반했다고 판정하고 중립의무 준수를 요청하였으나 다음 날인 3월 4일 노무현 대통령은 선관위의 결정을 납득하기 어렵다고 밝힌다.

노무현 대통령의 발언 다음 날인 3월 5일 새천년민주당은 긴급의원 총회를 소집하여 대통령이 선거법 위반 및 측근비리 등에 대해 사과하고 재발방지를 약속하지 않으면 탄핵을 발의하겠다고 선언한다. 결국 새천년민주당 의원들과 야당인 신한국당의 연합으로 노무현 대통령의 탄핵이 국회에서 의결된다.

국민들 다수는 대통령의 선거법 위반 여부와 관계없이 노무현 대통령이 탄핵될 만큼 심각한 헌법위반까지는 아니라고 판단하였다. 그리고 탄핵을 발의한 세 야당이 모두 주권자인 국민의 이익보다는 자신들의 정략적 이해에 충실했다고 보았다.

사실 헌법과 선거법의 대통령의 선거에서 중립의무는 행정의 최고 책임자로서 대통령이 자신의 지위와 권한을 이용해서 선거에 개입하는 것을 방지하고자 만든 조항이다. 예를 들면 2012년 대선 당시의 국정원의 여론 조작 등이 대표적인 사례이다. 노무현은 대통령 역시 정치인의 한 사람이고 소속 정당이 있으나 행정책임자로서의 대통령의 권한을 사용하는 것이 아닌 개인의 발언으로서의 정치적 입장 표명은 문제될 것이 없다는 판단이었다. 노무현 대통령의 주장이 타당할 수도 있으나, 또 한편으로는 어쨌든 대통령으로서 최고 지위에 있는 사람의 발언이 미치는 영향을 고려하면 대통령은 아무래도 노골적이고 직선적으로 선거에 개입하는 모습은 최대한 자제하는 것이 맞다고 본다. 다만 이 문제가 법률 위반이고 더 나아가 국민이 선출한 대통령의 탄핵까지 이를 사유는 아닌 것이다. 대통령의 발언은 얼마든지 정치적 공방을 통해 공격할 수 있고, 국민들은 그 공방을 지켜보면서 투표로 심판할 수 있었던 문제였던 것이다.

탄핵소추안이 국회에서 의결되기 전부터 국민들은 노무현 대통령의 탄핵에 반대하는 의사를 분명히 표시하고 있었다. 2004년 3월 7일, 여의도에 노사모(노무현을 사랑하는 모임) 회원 170여 명이 모여 처음으로 '탄핵 무효' 집회를 열었다. 3월 12일, 국회에서 탄핵안이 가결된 당일 1만2000여 명, 그 다음 날 7만여 명이 거리로 나왔다. 3월 20일 토요일 광화문에서 열린 '대통령 탄핵 반대' 촛불집회엔 시민 20만여 명(주최 측 추산, 경찰 추산 13만 명)이 참여했다. 노사모를 포함하여 참여연대와 녹색연합 등 시민단체와 민주노총 등이 '탄핵 무효와 부패정치 척결을 위한 범국민행동'을 결성하였다. 탄핵 무효와 부패정치 척결을 위한 범국민행동에는 550여개의 단체가 참여하였다. 해외에서도 촛불시위가 벌어졌다.

민심은 광장에서만 뜨거웠던 것은 아니었다. 온라인 공간의 카페와 게시판 등에서는 탄핵반대 서명이 계속되었다. 헌법재판소에서 대통령의 탄핵 심판이 진행되는 와중인 4월 15일 제17대 총선이 치러졌다. 민심은 투표장에서도 뜨거워 열린우리당은 과반이 넘는 152석을 차지했고, 제1당이던 한나라당은 121석을 얻어 제2당이 됐다. 탄핵을 주도하였던 새천년민주당은 9석, 자유민주연합은 4석을 얻었다.

5월 14일 헌법재판소는 선거법 위반에 대해서는 "노 대통령이 기자회견과 발언에서 선거법 중립의무 조항 및 헌법의 헌법수호의무를 위반한 것이라고 판단되나, 대통령을 파면시킬 만한 '중대한 직무상 위배'라고 보기 어렵다"는 이유로 기각한다. 측근 비리 사유에 대해서도 '취임 전 일이거나 대통령의 연루 여부가 드러나지 않았다'는 이유로 기각을, 국정 및 경제 파탄 사유에 대해선 '애초에 탄핵심판의 대상이 될 수 없는 것'이라는 이유로 각하 결정을 내렸다.

대통령의
사과

미국 메릴랜드주 커톡틴산 기슭에 위치한 캠프 데이비드는 송어가 노니는 아름다운 연못과 산책로가 있다. 옥외 수영장과 골프 연습장과 퍼팅 그린, 테니스 코트, 볼링장, 체육관 등의 체육문화 시설들도 잘 꾸며져 있다. 1938년 미국 연방공무원 가족의 휴양소로 개장하였다가, 1942년 프랭클린 루스벨트 미국 대통령 때 대통령 전용 별장으로 변경되었다. 처음에는 '상상의 이상향'이란 뜻의 '샹그릴라Shangri-La'로 불렸으나 1953년 초 드와이트 아이젠하워 미국 대통령이 자신이 각별히 사랑했던 손자 이름을 따서 데이비드로 바꿨다

2008년 4월 19일 이 곳에서 대한민국의 18대 대통령으로 이제 막 취임한 이명박과 미국 대통령 조지 W 부시 사이의 정상회담이 열렸다.

이 회담 직전인 4월 18일 대한민국 농림수산식품부는 한미 쇠고

기 협상이 타결되었다면서 조만간 미국산 LA수입갈비가 대한민국 사람들의 식탁에 오를 수 있을 것이라고 발표하였다. 미국산 쇠고기는 2003년 12월 미국에서 소해면상뇌증(광우병) 발생 후 수입이 전면 금지되었었다. 2006년 노무현 대통령 때 미국산 쇠고기 수입은 '30개월 미만, 뼈를 제거한 고기'라는 조건으로 다시 수입이 허용되었다. 2008년 4월 18일의 발표는 '뼈와 내장을 포함한 30개월 이상, 대부분의 특정위험부위를 포함한 30개월 미만'의 미국산 쇠고기를 수입하겠다는 내용이었다.

이 당시 서울의 청계광장에서는 서울의 고등학생들이 주도한 이명박 정부의 학교자율화 정책 및 0교시 수업 허용 등을 반대하는 촛불집회가 열리고 있었다. 촛불 집회의 규모는 조금씩 커졌고, 특히 미국산 쇠고기 수입 허용이 알려지면서 주부들이 다수 참여하기 시작한다. 정부에서는 5월 2일(금요일) 전면개방에 따른 미국산 소고기 안전성을 주장하는 기자회견을 하였고, 미국산 소고기 수입의 검역이나 제한 조치 등은 불필요하다고 주장하였다.

이 날 청계 광장 일대에서 미국산 소고기 수입 재개 조치에 반발해 촛불 집회가 열렸다. 주최 측은 이 집회 규모를 신고하면서 참여 인원 300여 명 정도의 문화제로 예상하였으나, 실제 참석 인원은 최소 1만 명에 달하는 대규모 집회였다. 이 날부터 시작하여 서울의 청계 광장에는 거의 매일 촛불집회가 열렸다. 약 1,000여 개의 시민단체와 민주당과 민주노동당 등 정당들이 '광우병 위험 미국산 쇠고기 전면 수입을 반대하는 국민대책회의'를 만들었다.

5월 24일(토요일)에는 청계광장에서 열린 대규모 집회를 마친 시위대가 도로를 점거하고 청와대 쪽으로 향하였다. 경찰은 광화문에 차벽을 설치하고 시민들의 청와대 쪽 행진을 차단하였다. 5월 25일 새벽 4시 40분, 경찰은 집시법 위반을 사유로 살수차를 동원 시위대를 강제해산시킨다. 이 날의 시위로 2백여 명의 학생과 시민이 연행되었다.

5월 31일(토요일)에는 5만 명 이상의 시민이 청계광장에 모여 집회를 마친 후 청와대 방향으로 행진을 하였다. 경찰은 물대포와 소화기를 뿌려 시위대에 대응하였다.

시민들은 미국산 소고기 수입의 재협상을 요구하였고, 대통령의 발표를 기다리고 있었다.

6월 5일(목요일)부터 6월 8일(일요일)까지 서울 시청 앞 광장을 중심으로 72시간 연속 릴레이 시위가 열렸다. 시위대 중 일부는 텐트를 치고 철야 시위에 나서기도 했다. 연휴 첫날인 6월 6일 현충일 시위에는 주최 측 추산 20만여 명의 시위대가 참여하였다.

6월 10일에는 6·10 민주항쟁 21주년을 맞아 사상 최대 규모인 주최 측 추산 70만 명(전국 합산 100만여 명)이 참가하는 촛불 대행진이 열렸다.

6월 19일 이명박 대통령은 특별기자회견을 열어 국민들에게 사과의 뜻을 밝혔다. 대통령은 기자회견을 통해 "정부가 국민들께 충분한 이해를 구하고 의견을 수렴하는 노력이 부족했습니다. 국민의 마음을 헤아리는 데 소홀했다는 지적도 겸허히 받아들입니다. 국민여러분께 송구스럽게 생각합니다"라고 말하고, "미국과 추가로 협의를 거쳐 수입 쇠고기의 안전성이 국제기준과 부합하는 것은 물론, 미국인 식탁에 오르는 쇠고기와 똑같다는 점을 문서로 보장받았습니다. 국민건강을 위협하는 상황이 발생하면 바로 수입을 중단하는 주권적 조치도 명문화하였습니다. 차제에 식품 안전을 선진국 수준으로 끌어올리도록 모든 조치를 강구하겠습니다"라고 발표한다.

민주화 이후의
민주주의

2002년부터 시작된 촛불집회는 집회의 사전 계획과 진행 상황, 사후 평가 등이 인터넷 기반 네트워크를 통해 매우 빠른 속도로 광범위하게 정보가 공유되었다. 95년 이전의 집회를 살펴보면 대체로 학생회나 노동조합, 농민단체, 시민단체 등과 같은 일정한 집단 내에서만 집회 정보가 사전에 공유될 수 있었다. 집회의 내용이 국민들에게 공유되는 것은 대체로 집회가 끝난 후 사후적으로 언론 등의 보도를 통해서였다. 이 때문에 과거의 집회는 특정 이슈가 확산되고 대규모로 발전하기까지 많은 시간이 걸렸다. 이에 반해 촛불집회는 순식간에 다수의 군중들에게 이슈가 되었고 빠른 시간 안에 대규모로 발전하였다. 또한 이슈가 유지되는 기간 동안 끊임없이 인터넷 네트워크를 통해 새로운 정보나 이슈 등이 전파되고 확산되며 쌍방향 토론이 활성화되곤 하였다. 과거의 경우 대체로 언론이 이슈를 선점하고 조직화하였다면, 최소한 촛불집회 기간 동안은 인터넷 네트워크를 통해 이뤄지는 쌍방향 소통을 언론이 따라가는 경향을 보이곤 하였다.

인터넷망을 통한 빠른 속도의 정보 공유는 집회 참가자들의 특성도 변화시켰다. 과거의 집회는 초기 단계에서는 대체로 특정 조직에 속한 사람들로부터 시작되었다. 집회의 목적이 국민적 공감을 받는 경우, 예를 들면 직선제 개헌을 요구했던 6.10 항쟁 등과 같은 경우 집회의 규모가 커지면서 다양한 군중들이 자발적으로 참여하였지만 거기까지는 많은 시간이 걸렸다. 촛불집회는 이슈가 되면서 순식간에 집회 규모가 커졌고, 자연스럽게 참여하는 군중들은 매우 다양하였다. 물론 대부분의 촛불집회에는 기존의 노동조합이나 농민단체, 시민단체, 대학생 등 조직화된 군중들도 다수 참여하였으나 이들의 역할이 특별히 비중이 컸던 것은 아니었다. 집회의 대다수는 조직된 군중보다는 평범한 일상 전반적인 분위기를 이끈 유모차를 든 여성, 청소년, 인터넷 카페의 회원 등이었다.

이런 다양한 특징을 가진 군중의 참여로 인해 집회의 성격 또한 개인들 혹은 소수 모임의 자발성에 기초하고 있다. 집회의 운영, 연설자의 선정, 집회 행진 경로, 집회 방식, 집회가 끝난 후 청소 등까지 특정한 지도부가 주도하기보다는 집회에 참여한 개인들의 자발성에 기초한 암묵적 동의 속에 진행되었다. 촛불집회에 참여한 시민들은 단순히 집권 세력에 대해서뿐만 아니라 야당 정치인, 기존의 시민단체나 재야단체의 권위까지도 인정하지 않았다. 이런 경향은 2002년부터 2017년까지 점차 강화되었다.

민주화 이후 직선제를 통해 선출된 대통령과 국회가 존재함에도 대한민국의 주요한 정치적 변화는 항상 광장에서 이뤄졌다. 광장의 시민들은 스마트폰과 인터넷망을 매개로 접속되어 있었고, 이들은 누구의 권위에도 복종하지 않으며, 각자가 가진 강한 개성을 살리면서 자신들의 요구를 표현하였다. 김종민 더불어민주당 의원은 "광장의 촛불은 대한민국 대의민주주의의 실패를 보여주는 상징적 사건이다. 일반 국민들의 뜻을 의회로 가져오는 대의민주주의 체제가 기능을 제대로 못했다. 민주적 대의 시스템으로 정당과 의회가 실패했다"고 말한다.

국민!
대통령을 탄핵하다

2017년 3월 10일 오전 11시 21분 대한민국 헌법재판소 이정미 권한대행은 "이에 재판관 전원의 일치된 의견으로 주문을 선고합니다. 주문 피청구인 대통령 박근혜를 파면한다"라는 결정을 발표하였다. 대한민국의 제18대 대통령 박근혜가 파면된 것이다.

박근혜 대통령의 탄핵 사유는 국회에서 의결한 소추안에 따르면 헌법위반 5개와 법률위반 8개의 총 13개가 나눠 들어갔다. 헌재는 국회의 소추안에 포함된 13개의 탄핵사유를 크게 ①대통령의 권한 남용, ②언론의 자유 침해, ③생명권 보호 의무 위반, ④비선조직에 따른 국민 주권 위배, ⑤뇌물수수로 정리하여 탄핵 심판을 진행하였다.

3월 10일 판결문에서 헌재가 심판 결과를 발표한 것은 4가지였다.
헌재는 첫 번째 공무원 임면권을 남용하여 직업공무원제도의 본질을 침해하였다는 점에 대해서는 문책성 인사 등의 사실 관계는 인정되나, 그 사실이 불법적인가를 인정하기에는 어렵다고 판단하였다. 두 번째 언론의 자유를 침해하였다는 점에 대해서도 세계일보에 누가 압력을 행사했는지 분명하지 않고, 그 사안에 피청구인(박근혜)이 관여했다고 인정할 만한 증거는 없다고 판단하였다. 세 번째 세월호 관련 생명권 보호의무와 직책성실의무 위반에 대해서도 '국민의 생명이 위협받는 재난상황이 발생하였다고 하여 피청구인(박근혜)이 직접 구조활동에 참여해야 하는 등 구체적이고 특정한 행위 의무까지 발생한다고 보기는 어렵다'고 판단하였고, 또 '성실한 직책수행의무와 같은 추상적 의무규정의 위반을 이유로 탄핵소추를 하는 것은 어렵다'라고 보았고, 그에 따라 '세월호 참사 당일 피청구인이 직책을 성실히 수행하였는지 여부는 탄핵심판절차의 판단대상이 되지 않는다'고 결론지었다.

네 번째 최서원(최순실)의 국정개입 허용과 권한남용에 대해서 헌재는 '공무상 비밀문건을 최서원에게 전달케 하였고, 공직 후보자를 최서원에게 추천받기도 하였으며, 케이디코퍼레이션이 현대자동차그룹에 납품할 수 있도록 안종범을 시켜 부탁하였고, 역시 안종범을 시켜 미르, K스포츠재단을 대기업들로부터 자금을 출연 받아 설립하였다. 설립된 재단은 출연한 기업들은 전혀 관여하지 못했고, 피청구인(박근혜)과 최순실이 운영에 대한 의사결정을 하였다. 그 밖에 최서원이 설립한 플레이그라운드와 더블루케이를 위해 케이티, 현대자동차, 그랜드코리아레저, 포스코, 문화체육관광부, 롯데그룹 등에 압력을 넣었다'라고 사실들을 확정하였다. 그리고 헌재는 이 사실들을 토대해 볼 때 '피청구인의 행위는 최서원의 이익을 위해 대통령의 지위와 권한을 남용한 것'으로 '헌법, 국가공무원법, 공직자윤리법을 위배한 것'이며, '기업의 재산권 및 기업경영의 자유를 침해한 것'이라고 판단하였다. 이어서 헌재는 '최서원의 국정개입사실을 철저히 숨겼고, 그에 관한 의혹이 제기될 때마다 이를 부인하며 오히려 의혹을 제기한 사실을 비난하였다. 이로 인해 국회 등 헌법기관에 의한 견제나 언론에 의한 감시 장치가 제대로 작동될 수 없었다'고 판단하였다. 계속해서 헌재는 '피청구인의 헌법과 법률 위해 행위가 재임기간 전반에 걸쳐 지속적으로 이루어졌고, 국회와 언론의 지적에도 불구하고 사실을 은폐하고 관련자를 단속해왔다'라고 판단하였다. 계속해서 헌재는 '한편, 피청구인은 대국민담화에서 진상 규명에 최대한 협조하겠다고 하였으나 정작 검찰과 특별검사의 조사에 응하지 않았고, 청와대에 대한 압수수색도 거부하였다'라고 판단하였다. 최종적으로 헌재는 '피청구인의 위헌, 위법행위는 국민의 신임을 배반한 것으로 헌법수호의 관점에서 용납될 수 없으며, 피청구인의 법 위배 행위가 헌법질서에 미치는 부정적 영향과 파급효과가 중대하므로, 피청구인을 파면함으로써 얻는 헌법 수호의 이익이 압도적으로 크다'라고 판단하고, 재판관 전원일치 의견으로 '대통령 박근혜를 파면한다'라고 선고하였다.

헌법재판소의 박근혜 대통령 파면은 80% 이상의 국민이 이미 마음속에서 박근혜 대통령을 탄핵한 상황에서 국민 주권이라는 헌법적 가치를 지키기 위한 당연한 결정이었다.

2012년 12월 19일 새누리당의 박근혜 후보가 51.6%의 지지를 얻으며 제18대 대통령으로 당선된다. 박근혜 대통령의 국정운영은 첫 출발도 그다지 순탄치 못하였다. 대통령 당선 과정에서 있었던 국정원 여론조작 사건은 집권 시작부터 박근혜 대통령의 발목을 잡고 있었다.

박근혜의 대통령 당선에 이런 여론 조작이 얼마나 영향을 미쳤는지는 수치로 확정하기 어렵지만, 선거 과정에 중립을 지켜야 할 국가기관이 선거여론조작을 하였다는 것은 박근혜 대통령의 당선이 처음부터 문제가 있다는 의혹을 낳고 있었다. 원세훈 국정원장이 주도한 여론조작을 당시 대통령이었던 이명박이 몰랐을 리가 없으며, 가장 큰 수혜자인 박근혜 후보와 이명박 당시 대통령 사이에 교감이 없었다는 것도 국민들 입장에서 볼 때는 석연치 않았다.

집권 2년차였던 2014년 4월 16일 발생한 세월호 참사는 박근혜 정부에 대한 국민의 신뢰를 허물어뜨리는 계기가 되었다. 당일 박근혜 대통령의 대처도 석연치 않았고, 후속 진상조사나 책임자 처벌도 많은 문제들이 있었다.

2014년 12월 19일에는 통합진보당이 해산되었다. 통합진보당에 대한 국민 여론이 워낙 좋지 않았지만, 국민들의 50% 이상은 정당이 정부에 의해 해산되는 것에 대해 반대하였다.

2015년 11월 3일에는 역사교과서 국정화가 강제 추진되었고, 12월 28일에는 위안부 관련 한일협의가 졸속으로 처리되었다. 민심은 점점 더 박근혜 정부로부터 떠나갔고, 광화문과 전국 각지에서 박근혜 정부의 정책에 반대하는 집회들이 빈번해졌다.

2016년의 4.13 총선은 보수 지지층에서조차 너무 심하다고 할 정도의 비판을 받았다. 대통령에 반대한다는 이유로 원내총무가 공천에서 배제되었고, 밀어붙이기식 친박공천이 진행되었다. 국민들은 박근혜 정권을 투표로 심판하였다. 총선 결과 새누리당은 지역구 105석을 얻어 110석을 획득한 더불어민주당에 제1당의 자리를 내주었다. 정치적 민심의 풍향계 역할을 하는 수도권에서 새누리당은 대부분의 의석을 야당에 내주었다.

박근혜 대통령이 당선되면서 내세웠던 경제민주화 등의 공약도 전혀 진행되지 않았다. 국민들은 더 이상 제왕적 대통령을 원하지 않고 있음에도, 박근혜 대통령은 이전 그 어떤 대통령보다 권위적인 모습을 보였고 정책추진에서 국민들의 의사를 무시하였다. 남북관계의 최후의 보루로 여겨지던 개성공단이 수많은 기업과 근로자들의 피해가 예상되고 국민 다수가 반대함에도 졸속으로 폐쇄 조치가 이뤄졌다. 중국과 미국 사이에 필연적으로 갈등을 유발하게 될 사드의 배치도 국회와의 협의 없이 일방적으로 추진되었다.

이런 상황에서 한겨레, 조선일보, JTBC 등 주요 언론 보도를 통해 터져나온 최순실 게이트는 국민들의 참아왔던 분노에 불을 붙였고, 그 불길은 순식간에 대한민국 전역을 뜨겁게 달아오르게 하였다. 2016년 7월 26일 TV조선에서는 최초로 청와대 안종범 수석이 미르재단 500억 모금을 지원하였다는 의혹을 보도한다. 미르재단과 K스포츠재단이 서로 목적이 다름에도 설립 과정이나 정관 조직 구성이 유사하고 일반적인 재단설립 절차를 위배하였다는 보도들이 나왔다. 이런 상황에서 9월 3일 최순실이 독일로 출국한 사실이 밝혀진다.

9월 20일 한겨레신문에 미르재단과 K스포츠재단 설립 및 운영에 최순실 씨가 개입한 정황이 보도되고, 이에 대해 청와대 측에서는 "일방적인 추측성 기사여서 언급할 가치도 없다"고 반응한다. 9월 21일에는 더불어민주당의 조응천 국회의원이 "최순실 씨가 우병우 민정수석-윤전추 청와대 행정관의 인사에 개입하였다"는 의혹을 제기한다. 다음 날인 9월 22일 박근혜 대통령은 수석비서관 회의를 통해 "비상시국에 비방과 폭로성 발언이 난무한다"고 주장하고, 황교안 총리는 "정부는 기업으로부터 돈 뜯은 적 없다"고 해명한다.

9월 23일에는 경향신문에서 '최순실 딸 승마 독일연수를 삼성이 지원했다'는 기사를 싣는다. 이에 대해 이승철 전경련 부회장은 "미르, K스포츠재단에 청와대 개입은 없었다"고 주장한다. 9월 27일 한겨레에서 정유라의 이화여대 입학 및 학사 특혜 의혹을 제기한다. 10월 4일에는 국회 교육문화체육관광위에서 '문화계 황태자'라고 불린

차은택 전 창조경제추진단장이 밀라노엑스포, K스타일허브, 늘품체조 등 문화계 사업을 좌지우지하였다는 의혹이 제기된다. 10월 5일에 들어서면서 검찰은 시민단체의 고발 6일 만에 '미르, K스포츠재단' 의혹에 대해 수사에 착수하겠다고 발표한다. 10월 6일과 8일은 국회 국정감사에서 최순실, 차은택, 안종범, 최경희 등에 대한 국정감사 증인채택을 둘러싸고 새누리당과 더불어민주당이 대립하면서 국정감사가 파행한다. 10월 10일 이화여대 이사회에서는 '최순실 씨 딸 특혜논란 관련 최경희 총장이 적극적으로 해명하고 책임질 것'을 요구하였다.

사태가 걷잡을 수 없이 커지는 상황에서 10월 20일 박근혜 대통령은 수석비서관 회의를 통해 "미르, K스포츠재단 관련 누구라도 불법이 있으면 처벌"하라는 지시를 내린다. 10월 24일에는 박근혜 대통령이 국회에서 시정연설을 통해 개헌을 추진하겠다는 발표를 한다. 정국은 순식간에 최순실과 미르, K스포츠 의혹에서 개헌논의로 넘어가는 듯 보였다. 그날 밤 JTBC에서는 최순실이 이용한 것으로 보이는 태블릿 PC에서 대통령의 연설문 등이 발견되었고, 최순실 씨가 대통령의 연설문을 사전에 열람한 흔적이 보인다는 의혹을 제기한다. 다음 날인 10월 25일 대통령은 긴급 대국민 사과 기자회견을 열어 "대통령 선거 과정 및 당선 직후 보좌 체계가 정비되지 않아 일부 연설문과 홍보물의 표현 등에서 최순실 씨의 도움을 받았으나, 그 후에는 중단되었다"라는 내용의 해명을 내놓는다.

10월 26일 독일 혜센주의 한 호텔에서 국정농단 의혹을 받던 최순실이 세계일보와 인터뷰를 통해 박 대통령 당선 초기 청와대 자료를 받아본 사실이 있다고 시인하면서도 태블릿PC를 통한 보고서 사전 확인, 청와대와 정부의 인사개입설, 미르, K스포츠재단 특혜 의혹, 차은택 씨의 재단 운영 농단 의혹을 전면 부인한다.

10월 29일(토요일) 광화문에서 제1차 박근혜 퇴진 주말 촛불집회가 열렸다. 주최 측 추산 2만여 명이 참여하였다. 다음 날인 일요일 최순실은 영국 히드라 공항에서 인천공항을 통해 자진 귀국하였다. 검찰은 최순실이 주변 정리를 할 수 있는 시간을 주었고, 귀국 30시간이 지난 10월 31일 최순실은 검찰에 출석하였다. 11월 2일 최순실의 구속영장이 청구되었고, 다음 날 구속되었다.

11월 4일 박근혜 대통령은 제2차 대국민 담화를 갖는다. 박근혜는 "저의 불찰로 일어난 일이다. 검찰 조사에 성실하게 임할 각오이며 특별검사에 의한 수사까지도 수용하겠다. 내가 이러려고 대통령을 했나 하는 자괴감이 들 정도로 괴롭기만 하다"고 말했다. 다음 날인 11월 5일 2차 주말 촛불집회가 열렸고, 주최 측 추산 20만 명(경찰 추산 4만5000명)이 참여했다.

11월 6일 안종범 전 청와대 정책조정수석과 정호성 전 청와대 제1부속비서관이 구속된다.

11월 12일 3차 주말촛불집회가 열리고 주최 측 추산 100만 명이 광화문과 전국 곳곳에서 시위를 벌였다. 11월 19일 4차 주말촛불집회는 주최 측 추산 95만 명이 모였다. 11월 26일 5차 주말촛불집회에는 주최 측 추산 195만 명이 참여했다. 28일에는 김현웅 법무부 장관의 사표가 수리된다.

11월 29일 박근혜 대통령은 제3차 대국민 담화를 갖고 "대통령직 임기 단축을 포함한 진퇴 문제를 국회의 결정에 맡기겠다"고 발표한다.

12월 2일부터 6일 사이 대통령의 제3차 대국민담화 내용을 두고 여야 사이에 논란이 일다가 결국 9일 국회에서 박근혜 대통령의 탄핵소추가 234표의 찬성으로 가결되었다.

국회에서의 박근혜 대통령 탄핵소추가 가결된 후 91일 만인 2017년 3월 10일 헌법재판소에서 박근혜 대통령 탄핵소추안이 인용으로 최종 결정되었고 박근혜 대통령은 제18대 대통령직에서 해임되었다.

이 기간 국민들은 매주말 광화문과 전국 곳곳에서 박근혜 탄핵과 적폐 청산을 요구하는 시위를 벌였다. 주말 촛불 시위만 총 19회가 열렸고, 연인원은 1,500만 명이 넘어갔다. 같은 기간 국민여론은 박근혜 탄핵 찬성이 75~90% 사이에서 압도적 다수가 박근혜의 탄핵을 찬성하는 것으로 나타났다.

새로운
공화국

촛불집회에 참석한 국민들과 촛불집회를 지지하는 국민여론은 박근혜 탄핵과 적폐청산을 요구하였고, 결국 박근혜는 탄핵되었다. 남은 것은 적폐청산인데, 과연 적폐청산은 구체적으로 무엇을 의미하는 것일까? 우리 국민들은 새로운 대한민국을 위해 무엇이 필요하다고 생각하는 것일까?

무엇보다도 정치인들은 박근혜 대통령의 탄핵에 이르기까지의 과정으로부터 깊은 교훈을 얻어야 한다. 박근혜 대통령이 당선된 18대 대선 과정에는 국정원의 적극적인 대선여론조작 공작이 있었다. 박근혜 대통령은 권력의 일부를 국민의 의도와는 전혀 무관한 최순실 일당에게 위임하였고, 국가 권력을 이들 최순실 일당의 사적 이익을 위해 봉사하게 만들었다. 최순실 일당은 통합진보당 해산, 개성공단 폐쇄, 사드 배치, 위안부 관련 협상 등에서 주권자인 국민의 의사와 반대되는 결정을 내리곤 하였으며, 그 과정에서 여론 수렴 등의 방법으로 국민의 의사를 충실히 반영하려는 노력을 하지 않았다.

박근혜 대통령의 문제는 권력을 부당하게 행사하여 사익을 추구한 점에도 있지만, 자신의 불법을 숨기기 위한 여론 조작, 공안기관의 개입, 부당한 인사 등을 시도하였다는 점에서 더욱 심각하였다. 수서경찰서의 권은희 수사과정, 채동욱 검찰총장, 조응천 공직기강 비서관, 문체부의 국과장 등 수많은 사람들이 대통령의 치부를 들추려 하였거나 은폐하는 데 적극적이지 않았다는 이유로 인사상 불이익을 받았다. 통합진보당의 해산과 이석기 내란음모 사건 등은 김기춘 청와대 비서실장의 지휘 하에 매우 신중하고 소극적으로 해석해야 할 법령을 근거로 국가 기관이 적극적으로 나서서 자신들의 정적을 법률적으로 살해한 폭거였다.

박근혜 대통령은 심지어는 자신이 속한 새누리당 내부에도 부당한 권력을 행사하였다. 2016년의 총선에서 새누리당이 패배한 것은 물론 박근혜 대통령의 폭정에 대한 민심의 반영이 근본이긴 하였으나, 친박계의 대대적인 국회 입성을 목적으로 하는 박근혜 대통령의 공천 개입이 국민들의 눈에도 너무나 위험스럽게 비춰진 이유이기도 하다.

결국 박근혜 대통령은 헌법을 유린하고 민주주의를 파괴한 혐의를 받고 국민들의 힘에 의해 탄핵되었다.

박근혜 대통령이 잘못한 것은 깨어있는 국민들을 무시하고 자신이 익숙한 낡은 방식의 정치를 고집했다는 점이다. 더 이상 국민들은 권력의 횡포나 부정, 불법을 용인하고자 하지 않음에도 그런 국민들을 외면한 채 자신만의 정치, 자신만의 권력을 추구한 것이 박근혜 대통령의 불행을 가져온 것이다.

박근혜 대통령과 그 일당들의 가장 큰 범죄는 헌법유린과 국정농단이고 민주주의의 파괴행위였다. 그런데 박근혜 대통령이 탄핵에 이르기까지의 수많은 헌법유린과 민주주의의 파괴라는 범죄 행위는 박근혜 대통령 혼자서는 당연히 불가능한 일이다. 청와대의 비서실과 정부 부처의 적극적 협력과 묵인이 있어야 했다. 내부 고발자들을 억압하기 위한 국정원이나 감사원 등의 공안사찰기관의 협력도 필요하였다.

이들 협력자들, 부역자들은 이른바 엘리트층으로 대체로 좋은 학벌과 우수한 경력의 소유자들이다. 이들 부역자 협력자들은 그 범죄의 가담 정도에 따라 법의 심판을 받게 된다. 이들 권력의 핵심 엘리트들이 적극적으로 박근혜의 범죄 행위에 가담한 것은 이들 각자의 민주시민으로서의 소양 부족으로 개인들의 잘못으로 결론을 지을 수 있는 것일까? 혹은 비록 법적 심판은 받지 않더라도 음양으로 협조 협력하거나 묵인한 수많은 청와대 및 정부 부처의 고위직 공무원들은 어떻게 볼 것인가? 이 역시 개인의 문제로 보아 새로운 대통령이 등장하고 좋은 사람들을 임명하면 문제가 생기지 않는 것일까? 뭔가 우리 민주주의 시스템에 근본적인 문제가 있는 것으로 보아야 하지 않을까?

민주주의가 훼손되는 가장 큰 원인은 최고 권력집단의 사리사욕에 의한 권력남용 때문이다. 민주주의는 피를 먹고 자란다고 했듯이 최고 권력집단의 사욕을 막기 위해서는 사회 각계 각층이 제 역할을 해야 한다.

최순실 게이트와 박근혜 탄핵에 이르기까지 국회의 모습도 참으로 한심스럽다. 여당의 국회의원들 중 일부는 헌법기관으로서의 책무도 망각한 채 끝까지 박근혜 대통령의 범죄 사실을 비호하고 은폐하려고 노력하였다. 야당 의원들의 책임은 없을까? 2015년 1월 15일 조응천 전 청와대 공직기강비서관은 대한민국 권력실세 1위로 최순실을 지목하였다. 이후 조응천은 더불어민주당에 영입되었고, 2016년 총선에서 국회의원에 당선된다. 당연히 야당의 지도부에서도 최순실의 국정농단 실체에 대해서 들은 바가 있었을 것이다.

언론이나 검찰은 몰랐을까? 최순실-박근혜의 국정 농단이 2016년 하반기 갑자기 전모가 밝혀진 것이고 여야 정치인이나 언론인, 검찰 등은 그 때까지 전혀 몰랐었던 일일까? 청와대 기자들은 범죄 혐의가 드러난 대통령의 사과 자리에서까지 대통령 앞에서 아무 질문도 던지지 못하고 받아쓰기에만 매달렸다. 검찰 역시 사태의 전모가 드러나고 있는 상황에서조차 초기에는 최순실을 예우하고 우병우를 지켜주려 하였다.

국민만 모르고 있었던 것이고, 국민에게 사태가 알려지면서 비로소 국정농단이 끝나고 그 책임자가 처벌된 것이다. 이럴 거라면 왜 국민의 대리인으로서 국회가 있고, 사정기관으로서 검찰은 왜 존재하며, 정권과 권력의 비판을 사명으로 하는 제4의 권력 언론은 왜 존재하는 것일까?

"절대 군주 같은 대통령에 비선 실세는 또 뭐냐? 군사정권 때나 있을 법한 블랙리스트를 만들어 표현의 자유와 인권을 짓밟고… 종철이가 이런 나라를 바라고 허망하게 죽은 건 아닌데… 누구는 87년 체제를 극복하자고 하던데, 내가 보기에는 아직 절차적 민주주의도 완성되지 않은 것 같다. 국민을 보호하는 권력은 30년 전이나 지금이나 없는 것 같아. 그때와 달라진 것은 노래하고 춤추며 민주주의 만세를 외치는 위대한 국민의 탄생이다."

박종철 열사 30주기 즈음에 그의 부친인 박정기 씨가 한 말이다.

박근혜 탄핵 촛불집회가 한창 진행되던 2016년 12월 14일 독일의 시사 주간지 차이트 인터넷 판에서는 "한국은 최근 시민과 의회가 어떻게 하면 최고 권력의 실패를 평화적으로, 규율을 지키면서도 효과적으로 시정할 수 있는지를 보여주는 본보기가 되고 있다"고 보도했다. 또 이 신문은 "지금 상황으로 봐선 오히려 미국과 유럽인들이 한국인들로부터 어떻게 하면 용기와 열정을 가지고 민주주의를 수호할 수 있는지 배울 수도 있을 것 같다"고도 하였다.

2002년 미선 효순 양 추모와 소파 개정요구를 내건 촛불집회로부터 마침내 국가의 최고 권력자인 박근혜 대통령의 탄핵과 관련자들의 구속을 가져온 2017년 촛불집회는 이전의 대중시위와는 많은 면에서 새로운 모습을 보였다.

제1공화국의 대통령 이승만은 종신 독재를 꿈꾸다 4.19 혁명으로 국민들 손에 끌어내려졌다. 2공화국은 박정희의 군사쿠데타로 종말을 고하였고, 군사쿠데타로 집권한 박정희 정권은 유신독재로 권력의 무한 확대와 영속성을 추구하다가 비참한 최후를 맞았다.

국민들의 민주주의에 대한 꿈을 탱크와 헬기를 앞세운 공수특전대를 투입하여 짓밟고 집권한 전두환 노태우 정권도 국민들의 끈질긴 저항에 항복하였고, 끝내 대한민국 법정에서 광주민주화운동을 짓밟고 권력을 찬탈한 내란 수괴로 지목되어 사형선고를 받았다.

그렇게 우리 국민들은 민주주의를 지켜왔고, 만들어왔다. 그 결과가 현재의 6공화국 대통령 직선제 헌법이다.

현행 직선제 헌법을 통해 노태우, 김영삼, 김대중, 노무현, 이명박, 박근혜 등 6명의 대통령이 국민들 손에 선출되었다. 그러나 어떤 대통령을 막론하고 크든 작든 권력 남용과 부정부패와 측근비리는 계속되었고, 국민의 뜻과 다른 정책도 계속되었다. 대통령 취임 때의 높은 지지율은 국민들이 거는 기대와 희망이었다. 모든 대통령이 임기 말 극심한 지지율 하락을 보였고, 이는 국민들의 환멸과 실망과 좌절이 반영된 것이었다. 끝내 박근혜 대통령은 국민의 손에 끌려 내려오는 수모를 겪어야만 했다.

촛불을 들고 시민의 한 사람으로 참여하면서 지난 수백 년에 걸친 인류의 민주주의를 향한 위대한 도전은 이제 대한민국에서 새로운 차원으로 변화할 때가 되었다는 사실을 절실히 체감하였다.

더 이상 대의민주주의의 불가피성을 역설하면서 국민들의 주체적이고 적극적인 정치참여를 가로막는 것은 불가능하고, 또 그래서도 안 된다. 이제 권력을 원래의 주인인 국민들에게 온전하게 돌려줄 때가 된 것이다. 헌법과 법률을 전면적으로 개정하여 국민이 주요한 정책을 직접 결정하도록 하고, 국민들이 뽑은 대표자는 국민들의 결정으로 소환될 수 있도록 해야 한다. 청년과 노동자, 농민, 시민, 여성, 중소기업인, 자영업자들의 다양한 요구들을 담은 법과 정책들이 국민들 스스로 발의할 수 있도록 제도를 정비해야 한다.

양심의 자유를 억압하는 제반 구시대적 법률들은 사라져야 한다. 블랙리스트 따위로 사람들의 양심을 시험하고 굴종을 요구하는 미친 짓들도 다시는 없어야 한다. 90분간의 강연과 몇 마디의 토론으로 한 인간의 소중한 삶이 송두리째 망가지는 일도 없어야 한다. 국민의 정치 참여를 가로막는 제반 결사의 자유를 제약하는 법률들도 사라져야 한다.

권력은 이제 권력자들 상호간의 분립이나 견제로 끝나서는 안 된다. 권력은 국민들 손에 의해 통제되어야 하고, 국민들의 뜻이 반영될 수 있도록 분산되어야 하며, 특권은 완전히 폐지되어야 한다.

3부

양도할 수
없는 주권

헌법 제1조와
국민주권

대한민국 민주주의는 파괴되었고, 박근혜 대통령은 탄핵되었다. 박근혜 대통령이 탄핵에 이르기까지의 범죄 행위는 박근혜 대통령의 개인의 문제만은 아니었다. 야당의 어떤 정치인은 박근혜 대통령의 헌법파괴 행위가 박근혜 대통령 개인의 문제로 현재의 제도나 시스템에 큰 문제는 없는 것처럼 말하였다. 이 말은 사실이 아니다. 역대 어떤 대통령들도 임기 말 국민의 지지를 받지 못하였다. 누구도 국민이 위임한 주권의 대리자로서 충실하지 못하였던 것이다.

초대 대통령 이승만과 군부 쿠데타의 주역 박정희는 두 말할 나위도 없이 종신 권력을 꿈꾸면서 가혹하게 민주주의를 파괴하였다. 현재 헌법에 의해 선출된 노태우, 김영삼, 김대중, 노무현, 이명박, 박근혜까지 6명의 대통령은 모두 집권 기간 동안 심각한 헌법유린 사건들이 발생하였다. 측근들의 비리나 정치자금의 문제는 정도의 차이는 있었지만 모든 대통령에게 나타났다. 국정원이나 보안사 검찰 등 공안기관에 의한 민간인 사찰 문제도 존재하였다.

무엇이 문제인 것일까?

우리 헌법 제1조 1항은 '대한민국은 민주공화국이다', 2항은 '대한민국의 주권은 국민에게 있고, 모든 권력은 국민으로부터 나온다'고 되어 있다. 헌법 전체를 통해 권력이라는 단어는 유일하게 1조 2항에만 명시되어 있다.

그런데 헌법의 후속 조항을 하나씩 살펴보자면 과연 이 헌법 제1조 2항이 일관되게 관철되고 있는가는 의문이다. 아니 헌법을 읽어보면 볼수록 이 1조 2항은 속임수가 아닌가 하는 의문을 갖게 된다.

헌법 제40조는 '입법권은 국회에 속한다'라고 되어 있다. 주권은 국민에게 있다고 1조 2항에 규정되어 있는데, 입법권은 가장 중요한 주권의 구성 요소가 아닌가? 왜 이렇게 명시적으로 입법권은 국회에 속한다고 표현되어 있는 것일까? 예컨대 '입법권은 국민에게 속한다. 입법권 중 일부는 국민을 대리하여 국회가 행사할 수 있다'고 되어 있는 것이 맞는 것이 아닐까? 헌법 제52조는 더욱 이상하다. 52조는 '국회의원과 정부는 법률안을 제출할 수 있다'고 되어 있다. 다른 많은 나라들에서는 이미 국민발의권이 보장되어 있어 일정 수의 국민들의 서명으로 입법이나 정책발의가 가능하다.

박근혜 대통령은 수많은 국민들의 탄핵과 사임 요구에도 모르쇠로 일관하며 자신의 범죄에 대한 검찰이나 특검 혹은 헌재 재판관들의 조사에 일체 응하지 않았다. 대한민국 사법부에서 결정한 청와대 압수수색 영장도 거부하였다. 모두 법률에 기초한 행위라고 주장하였다. 분노한 촛불 시민들이 법률안을 제안할 수 있다면 당장에라도 박근혜 대통령에 대한 강제 수사와 청와대에 대한 압수수색이 가능한 법률안을 만들고 싶었을 것이다. 이런 국민들의 요구는 국회를 통해서만 가능하다. 왜 이렇게 되어 있는 것일까? '대한민국 주권이 국민에게 있고, 모든 권력은 국민으로부터 나온다'라고 하면서 왜 입법과 관련된 권한에서 국민들이 참여할 수 있는 가능성은 원천적으로 차단되어 있는 것일까?

헌법 제54조는 '국회는 국가의 예산안을 심의 확정한다'고 되어 있다. 예산은 국민들이 낸 세금으로 운영된다. 내가 낸 세금을 어떻게 쓸 것인지를 정하는 것이 곧 예산안이다. 그런데 왜 이 예산안을 심의하고 확정하는 것을 국회에서 하는 것일까? 물론 모든 국민이 정치에 깊은 관심을 갖고 복잡한 예산 구조를 검토할 수는 없겠지만, 그래도 대한민국 국민들 속에는 얼마나 많은 전문가들이 존재하는가? 인터넷이라는 쌍방향 소통도구도 존재하고 방송도 있다. 국회에서 예산을 심의하는 과정을 보면 항상 특정한 정치적 쟁점과 연계된 갈등도 존재하고 일명 '쪽지예산'이라고 하여 국회의원 개개인들의 지역구에 배정하는, 예산을 힘 있는 여야 의원들이 나눠먹기 하는 등의 작태가 항상 벌어진다. 왜 내가 낸 세금을 일부 힘 있는 국회의원들이 작당하여 나눠먹기 하는 것일까? 그렇게 나눈 지역 예산에는 얼마나 이권이 개입되어 있을 것이고, 그 이권과 예산을 확보한 국회의원들 사이에는 어떤 연결고리도 없는 것일까? 국회에서 예산을 심의하는 동안 진행되는 내용에 대한 상세한 내용을 공개하고 일반인들 누구라도 의견을 제출하고, 방송 등을 통해서도 전문가 토론도 진행하는 것과 같은 방식으로 국민이 예산 심의에 참여할 수는 없는 것일까? 또 그렇게 심의된 예산의 최종 확정에도 국민의 참여를 보장할 수 있는 방안은 없는 것일까? 꼭 국민투표가 아니더라도 거의 대부분의 국민들이 핸드폰을 가지고 있고, 인터넷망을 통해 실시간 쌍방향 소통이 가능한 첨단 정보화 시대 아닌가? 뭔가 방법이 존재할 것이라고 본다.

헌법 제60조 1항은 '국회는 상호원조 또는 안전보장에 관한 조약, 중요한 국제조직에 관한 조약, 우호통상항해조약, 주권의 제약에 관한 조약, 강화조약, 국가나 국민에게 중대한 재정적 부담을 지우는 조약 또는 입법사항에 관한 조약의 체결·비준에 대한 동의권을 가진다'고 되어 있고, 2항은 '국회는 선전포고, 국군의 외국에의 파견 또는 외국군대의 대한민국 영역 안에서의 주둔에 대한 동의권을 가진다'고 되어 있다. 이 조항은 심지어는 제대로 지켜지지도 않고 있다. 박근혜 정부가 수많은 국민들의 반대에도 불구하고 일방적으로 밀어붙인 개성공단 폐쇄, 사드 배치, 일본군 위안부 문제 한일 협의 등은 모두 헌법 제60조와 연관되어 있다. 박근혜 정부는 국회의 동의권도 무시하였다. 행정부의 이러한 초헌법적 태도는 매우 심각하지만 이에 대해서 국회 역시 제대로 대응하지 못하였다.

근본적으로는 왜 이런 중요한 문제에 대해서 국민이 아닌 국회가 최종적인 동의권을 갖는지 의문이다. 50%가 넘는 국민들이 개성공단 폐쇄나 사드 배치, 일본군 위안부 문제의 한일 협의 등에 대해서 반대하는 것으로 알고 있다. 심각한 문제는 숫자를 떠나서 이런 중요한 문제들에 대해서 국민들에게 상세한 정보가 제공되거나 심의에 참여할 수 있는 방법과 원칙이 아예 존재하지 않는 점이다. 최종 결정권 역시 국민들과는 전혀 상관이 없다. 이래서야 '대한민국의 주권은 국민에게 있고, 모든 권력은 국민으로부터 나온다'라고 주장할 수 있을까?

헌법 제65조 1항은 '대통령·국무총리·국무위원·행정각부의 장·헌법재판소 재판관·법관·중앙선거관리위원회 위원·감사원장·감사위원 기타 법률이 정한 공무원이 그 직무집행에 있어서 헌법이나 법률을 위배한 때에는 국회는 탄핵의 소추를 의결할 수 있다'고 되어 있다. 이 조항에 근거하여 박근혜 대통령에 대한 탄핵 소추가 국회에서 의결된 것이다. 문제는 헌법 111조이다. 111조는 헌법재판소에 관런된 내용으로 111조 1항 2호에 의해 '탄핵의 심판은 헌법재판소가 관장'하는 것으로 되어 있다.

왜 국민이 직접 탄핵을 결정할 수는 없는 것일까? 이번 박근혜 탄핵에서 국민여론은 80~90% 가까이 박근혜의 탄핵을 찬성하였다. 이런 압도적인 국민 여론이 왜 바로 실행될 수 없는 것일까? 극단적으로는 만약 헌재 재판관 중 3명이라도 더 반대하였다면 박근혜 대통령의 탄핵이 기각될 수도 있었다. '대한민국의 주권은 국민에게 있고, 모든 권력은 국민으로부터 나온다'고 하였다.

헌법 제72조를 살펴보자. 제72조는 '대통령은 필요하다고 인정할 때에는 외교·국방·통일 기타 국가안위에 관한 중요정책을 국민투표에 붙일 수 있다'고 되어 있다. 국민투표를 대통령만 제안할 수 있도록 되어 있다. 왜 대통령만 제안할 수 있는 것일까?

중요 정책인지의 판단은 국민들도 할 수 있다. 국민들 중 일정 숫자 이상이 요구한다면 그 정책은 국민투표에 부의할 수 있어야 하는 것 아닐까? 그래야 대통령이 추진하는 중요 정책에 대해서 주권자인 국민이 판단하고 결정할 수 있게 되는 것 아닐까? 국민투표에 비용과 시간이 너무 많이 들어서일까? 이런 이유는 이미 우리 시대에 너무나 쉽게 처리할 수 있다.

헌법 제73조는 '대통령은 조약을 체결·비준하고, 외교사절을 신임·접수 또는 파견하며, 선전포고와 강화를 한다'는 내용이 담겨 있다. 극단적으로 나라를 팔아먹을 만한 심각한 조약도 대통령이 체결 비준할 수 있다. 한미FTA 체결에 대해 많은 국민들이 반대하고 있고, 심각한 시위도 존재한다. 만약 중요한 조약의 체결 비준에 국민들이 심의에 참여하고 최종 비준 권한을 갖는다면 어떨까? 그 경우 조약은 좀 더 강력한 정당성을 갖는 것이 아닐까? 남과 북이 대치한 상황에서 대통령 한 사람의 결정에 의해 선전포고가 이뤄질 수도 있다. 물론 조약의 체결 비준과 선전포고 등은 국회의 동의를 얻어야 하는 권력 견제 장치가 있지만, 극단적으로는 대통령과 국회의원 다수가 동의한다면 남북 사이의 전쟁은 내일이라도 일어날 수 있다. 과연 국민이 주권자인 것이 맞는 것일까?

제78조에는 '대통령은 헌법과 법률이 정하는 바에 의하여 공무원을 임면한다'라고 되어 있다. 대통령이 임면하는 공무원 중 대표적인 자리가 바로 각 행정부처의 장 차관이다. 법령에 의해 장차관의 임면에는 국회의 인사청문회를 거치도록 되어 있다. 인사청문회의 존재에도 불구하고 그 결정이 최종적으로 대통령의 결정을 철회할 수 있는 것은 아니라는 문제점도 있다. 박근혜 정부에서 행정부의 각 부처 장관들은 실권도 없는 존재들이었다. 대통령에 의한 임면은 그냥 명예직이었고, 대통령의 집권에 대한 보은 인사로 활용된 점이 많았다. 국민들은 인사청문회 때마다 저런 자들이 장관 혹은 차관이라는 것에 분노하지만 어쩔 도리가 없는 상황이다. 각 부처의 장차관은 해당

부처의 최고 수장으로 해당 부처의 업무에 대하여 잘 알거나 해야 할 일이 무엇인지 아는 사람들이 되어야 하는 것 아닐까? 특정한 부처의 경우는 국민 중 특정 집단의 이해와 매우 밀접한 경우도 있다. 문화체육관광부 장관은 대한민국의 문화와 체육과 관광을 잘 알고 정책적으로 올바른 결정을 내릴 수 있는 사람들로 선임되어야 한다. 국민의 생활과 밀접한 주요 부처의 장차관 혹은 최소한 장관 정도만이라도 국민들의 손으로 선출하면 안 되는 것인가? 예컨대 대통령 선거 때 문화체육관광부, 농수산식품부, 경제통상부, 교과부, 노동부, 미래산업부 등을 동시에 선출하고, 그 임기를 대통령과 같이 하도록 하는 방안은 어떤가? 그렇게 하면 대통령에게 집중된 권력도 분산되고 각 부처가 좀 더 의욕적으로 일할 수 있지 않을까?

헌법 제101조 1항에는 '사법권은 법관으로 구성된 법원에 속한다'고 되어 있다. 사법권이란 재판에 대한 권리로 민사, 형사, 행정으로 구분된다. 사법은 해당 분야에 대한 법률 지식이 필요한 분야이다. 그러나 동시에 판결은 해당 시대의 국민감정과 정서를 반영하기도 한다. 흔히 '유전무죄 무전유죄'라는 말도 있다. 재벌들과 고위층에 대한 사법부의 판결은 갖은 이유를 달고 솜방망이 처벌로 끝나는 경우가 많았다. 전관예우라는 이상야릇한 용어가 존재하듯 전직 검사 혹은 판사 출신 변호사들이 맡은 사건들은 다른 사건에 비해 무죄나 혹은 가벼운 처벌이 내려지는 것이 대한민국의 상식이다. 그렇지 않다면 막대한 비용을 들여 전관 변호사들을 쓰려고 하겠는가? 법관들이 언제나 항상 법률에 따라 양심적으로 재판하는 것이라고는 도저히 믿기가 어려운 경우가 종종 있다. 이런 이유로 많은 나라들에서는 배심원제도 등을 통해 국민참여심판을 강화하는 추세이다. 물론 우리나라도 2008년부터 형사재판에 한해 예비 배심원으로 참여하는 제도가 만들어지긴 했으나, 형사 재판에 한하여 진행되고 배심원들의 결정이 법원에 구속력을 갖지 못하여 선진국의 배심원 제도에 비해서는 아직 많은 한계가 존재하고 있어 이 조항 역시 개선이 필요하다.

헌법 제117조와 118조는 지방자치에 대한 규정이다.

117조 1항은 '지방자치단체는 주민의 복리에 관한 사무를 처리하고 재산을 관리하며, 법령의 범위 안에서 자치에 관한 규정을 제정할 수 있다'고 되어 있고, 2항은 '지방자치단체의 종류는 법률로 정한다'고 되어 있다.

제118조는 지방의회에 대한 규정으로 1항에 '지방자치단체에 의회를 둔다'고 되어 있고, 2항에 '지방의회의 조직·권한·의원선거와 지방자치단체의 선임방법 기타 지방자치단체의 조직과 운영에 관한 사항은 법률로 정한다'고 되어 있다.

이 조항들을 살펴보면 지방자치단체 및 지방의회는 전적으로 국회에 의해 통제되도록 되어 있다. 지방자치단체의 종류를 언제든 법률을 통해 변경할 수 있고, 지방 의회의 권한이나 선임 방법, 조직 및 운영에 관한 사항 역시 입법권을 갖고 있는 국회에서 통제가 가능하다. 지방자치단체는 국민들의 참여가 상대적으로 손쉬운 조직이다. 풀뿌리 민주주의라는 표현도 있듯이 지방자치에서부터 민주주의가 시작되는 것이다. 그런데 이런 지방자치의 문제를 국회의 권능에 맡겨둔다는 것은 무슨 의미일까? 용어상으로도 예컨대 미국의 경우는 지방정부라고 표현하는데 우리는 단체로 표현하고 있다. 지역정부, 지역의회로 명칭도 격상하고 헌법상 그 권리 등도 명확히 하는 것이 민주주의를 발전시키는 데 도움이 될 것이다.

양도할 수 없는
주권

촛불시위 때마다 헌법 제1조가 외쳐진다. '대한민국은 민주주의 공화국이다. 대한민국의 주권은 국민에게 있고, 모든 권력은 국민으로부터 나온다'는 노래까지 만들어졌다. 그러나 과연 헌법 제1조의 너무나 당연하고 그럴싸한 원리는 대한민국에서 관철되고 있는 것일까? 같은 헌법 안에서조차 헌법 제1조는 그냥 국민들을 위로하기 위한 정도의 선언적 문구로 취급된다.

선언적 의미가 아니고 실천 가능한 유일한 국민주권, 대한민국에서 국민에게 유일하게 주어진 주권은 4년에 한 번씩 국회의원에게 투표할 권리와 5년에 한 번씩 고대 제왕보다 더 강력한 권력을 휘두를 대통령을 뽑는 행사를 치를 권리밖에 존재하지 않는다.

대한민국의 주권은 선거를 통해 선출된 국회의원과 대통령, 그리고 심지어는 선거와는 무관하게 대통령에 의해 임명된 국정원장과 사법부의 관리들, 행정부의 고위 관료들이 행사한다.

1759년, 지금으로부터 무려 258년 전 루소는 자신의 저서 〈사회계약론〉에서 다음과 같이 주장하였다. "주권은 양도할 수 없는 것과 같은 이유로 대표할 수도 없다. 따라서 인민의 대의원은 인민의 대표가 아니다. 그들은 단지 인민의 대리인일 뿐이며, 대리인은 그 어떤 최종 결정도 내릴 수 없다. 인민이 직접 승인하지 않은 모든 법은 무효다."

또한 루소는 "인민은 자신들이 자유롭다고 주장하지만 그것은 착각이다. 인민은 의회의 선거 동안만 자유이다. 의회 의원이 선출되는 즉시 인민은 노예가 되고 아무 것도 아닌 존재가 된다"고 주장하기도 하였다.

심지어 루소는 "고대의 공화국은 물론 심지어는 군주정에서조차 인민은 결코 대표를 갖지 않았다. 그들은 아예 대표라는 말을 몰랐다. 호민관을 그토록 신성시한 로마에서도 그들이 인민의 지위를 가로챌 수 있다는 것은 상상도 할 수 없는 일이었다는 것, 호민관이 그렇게 많은데도 호민관들이 자신들의 권한으로 국민투표를 건너뛰려 한 적이 한 번도 없었다"고 말하였다.

권력을 행사하는 자들은 언제나 끊임없이 권력을 키우고 연속시키려고 노력한다. 그것을 막기 위해 삼권분립도 있고, 여야 정당도 존재하며, 검찰이나 감사원 등의 사정 기관도 있다. 언론의 역할도 존재한다. 그런데 왜 이런 시스템이 존재함에도 항상 문제는 터지고, 게다가 터진 문제를 왜 시스템 속에서 해결하지 못하고 국민들은 피를 흘려가면서 자신들의 대리인들에 맞서 싸워야 하는가? 왜 국민들은 시간과 돈을 써가면서 추운 광장에 나와 촛불을 들어야만 하는가?

박근혜 탄핵 촛불 시위가 한 창 진행되던 2016년 12월 19일. 미국의 월스트리트저널에서는 "한국인이 박근혜 대통령 퇴진을 외치며 촛불집회를 한 덕분에 탄핵안이 국회에서 가결됐지만 민주주의의 승리는 아니다"며 "박근혜 대통령 이후에도 부패한 지도자를 얼마든지 만들어낼 수 있는 정경유착 고리가 끊어지지 않으면 시위는 그냥 또 시위로만 끝나버릴 것"이라는 사설을 썼다. 월스트리트저널은 사설에서 "지난 수십 년 동안 서울에서 수만 건의 시위가 있었지만 구조적인 개혁은 거의 얻어내지 못했다"고 하였다. 월스트리트저널에서는 한국인의 시위가 문제의 뿌리까지 들어내지 못해 부패한 대통령이 계속 탄생했다고 하였다. 1960년 4월 혁명으로 이승만 전 대통령이 하야했지만 권좌는 결국 더 나쁜 독재자 박정희 전 대통령으로 대체됐고, 1987년 민주화 시위로 전두환 전 대통령에 반대했지만 결국 노태우 전 대통령이 당선됐다고 주장하였다.

대한민국의 민주주의가 멀리 미국 땅의 한 신문사로부터 조롱받는 것은 썩 좋은 기분이 아니다. 하지만 사실 월스트리트 저널의 지적이 잘못된 것은 아니다. 이제는 근본적인 해결책을 찾아야 할 때인 것이다.

누가 담뱃값을
올렸는가?

2015년에 담뱃값이 거의 2배로 올랐다. 나는 고3이 되던 해부터 담배를 피우기 시작했으니, 애연가 생활이 벌써 35년이 넘었다. 솔 담배로부터 시작해서 군대에서는 한산도, 청자 등을 피웠다. 30대 중후반 경부터 경제적 형편이 좀 나아지면서 담배 중 고급을 택하기 시작했다. 지금은 에세골드(5천원)을 주로 피운다. 에세골드는 담배 가격이 오르기 전에는 2천5백 원이었는데 지금은 5천원이다. 무려 2배로 오른 셈이다.

담배가 건강에도 좋지 않고, 간접흡연으로 주변 사람들에게도 피해를 준다는 것을 잘 알고 있다. 가까운 사람들은 계속 금연을 권유한다. 그러나 아직은 금연하고 싶은 마음이 없다. 의지의 부족일 수도 있겠지만, 담배가 주는 만족감이 높다. 하지만 나의 소득수준이 높지 않기 때문에 담뱃값 인상은 내겐 꽤나 큰 타격이었다.

그런데 왜 담뱃값이 오른 것일까? 예전에는 전매청이 독점했지만, 지금은 외국담배를 포함해서 꽤나 다양한 담배가 나오고 있다. 그런데 어떻게 한꺼번에 일률적으로 담배가격이 오를 수 있단 말인가? 만일 내가 좋아하는 담배인 에세골드가 시장에서 인기가 좋아 가격이 올랐다면, 아마도 나는 다른 담배로 옮겨갔을 것이다. 그런데 모든 담배 가격이 일률적으로 올랐다.

모든 담배 가격이 비슷한 수준으로 한꺼번에 오르게 된 것은 정부에서 담배에 붙는 세금을 올렸기 때문이다. 그리고 그 결정은 박근혜 대통령이 했다. 담배세는 전형적인 간접세이다. 물론 국민들 중 담배를 피우는 사람들만 부담한다.

납세자연맹이 2016년 12월 2017명(흡연자 652명, 비흡연자 1419명)을 대상으로 조사한 바에 따르면 '담뱃세 인상은 잘못된 정책'이라는 응답이 68%였다. 담뱃세를 인상한 이유에 대해서도 '세수 충당 때문'이라는 답변이 가장 많았다. 다수의 국민들이 잘못된 정책이라고 판단함에도 불구하고 담배 가격은 박근혜 대통령의 결정으로 올랐다. 이래도 되는 것일까? 이것이 민주주의일까?

사드

좋다! 담뱃세야 흡연자만의 문제이기도 하고, 또 건강에도 좋지 않은 담배이니 끊으면 된다고 위로하고 넘어가도록 하자.

박근혜 정부는 개성공단을 폐쇄하였고, 사드를 배치하기로 결정했다. 사드는 심지어 부지도 채 확보하지 못한 상태에서 일부 시스템이 한국 땅에 들어오기 시작하였다. 황교안 대통령 권한대행이 밀어붙이고 있는 것이다.

사드가 북한 핵을 막아준다고 보수 측에서는 주장한다. 나는 이런 주장이 북한 핵과 사드를 둘러싼 국제정세를 전혀 모르거나 고려치 않은 억지라고 생각한다.

북한 핵은 우리나라와 미국은 물론 중국이나 러시아도 반대하고 있다. 핵확산 금지조약, 즉 NPT 조약에서 핵보유국으로 인정되는 나라는 미국, 러시아, 중국, 영국, 프랑스의 5개국으로 이들 나라는 곧 유엔안보리 상임이사국 5개 나라와 일치한다. 2차 세계대전 이후 전후 질서는 이들 승전국인 5개 나라를 중심으로 하고 있고, 정치적으로는 유엔안보리 결정에 대한 거부권, 군사적으로는 최종무기인 핵 개발의 독점으로 유지되는 것이다. 물론 핵의 경우 이스라엘, 인도, 파키스탄 등이 가지고 있는 것으로 알려져 있지만, 이스라엘은 시인도 부인도 아니고 인도와 파키스탄은 모두 NPT조약을 탈퇴한 상태에서 강대국의 묵인으로 이뤄진 조치이다. 북한 역시 NPT체제를 탈퇴하고 핵을 개발하고 있지만, 핵 개발의 목표가 미국이라는 점에서 문제가 되는 것이다.

강대국들은 북한 핵이나 미사일 관련 유엔안보리 결의 시 항상 뜻을 함께 하지만, 핵(미사일) 문제의 해결 방안에 대해서는 미묘하게 5개 나라 사이에 입장 차이가 존재한다.

미국과 그 동맹국들은 북한 핵(미사일)에 대해 제재와 압박을 통해 북한이 아무런 조건 없이, 혹은 과거 체결하였던 미국과 북한의 협상에 근거하여 먼저 북한 핵(미사일)의 중단 및 폐기를 요구하는 것으로 나타났고, 중국과 러시아는 과거 20년간 진행되었던 북한 핵(미사일)을 둘러싼 6자회담을 재개하여, 미국이 북한의 안전을 보장하고 일정한 보상을 하는 것을 전제로 북한 핵(미사일)이 해결될 수 있음을 강조하였다.

중국(러시아)은 6자회담의 중단 및 북한 핵(미사일) 폐기의 실패에 미국의 약속 불이행이나 해결의지의 부족, 그리고 미국 군사력의 한반도 전개 등도 한 원인이라고 주장하는 것이다.

유엔안보리 5개국(NPT 핵보유국)은 세계질서유지라는 공통의 이해도 존재하지만 패권국 상호간의 이해갈등도 존재한다. 냉전이 해체되면서 미국은 특히 단일 패권국으로서의 지위를 유지하고자 하며, 중국과 러시아는 미국의 1위 패권 지위를 인정하면서도 새롭게 부상하는 자국의 지위도 미국이 인정해주기를 바란다. 이런 요구가 신형대국관계니 G2니 하는 중국의 외교적 발언에 담겨 있는 것이다.

패권의 핵심은 군사력이고 미국은 현재 유일하게 세계 곳곳에 군사기지 보유, 항공모함 운영 등으로 전세계 어느 곳에나 군사력을 투사할 수 있는 강력한 힘을 보유하고 있다. 중국은 이런 미국의 패권적 군사력을 자국을 중심으로 하는 아시아 일부 영역에서만이라도 점진적으로 배제하고자 하고, 미국은 중국이 자신의 영토 바깥으로 영향력을 확대하는 것을 배제하고자 한다. 중국은 핵보유국으로 핵투발 수단을 지속적으로 강화하고 있으며, 이미 미국의 주요 군사기지, 항공모함, 미국 본토를 타격할 수 있는 수단을 갖추고 있다.

소련이 붕괴되면서 단일패권국가로서 미국이 자신의 지위를 유지하기 위한 핵심 수단이 곧 MD(미사일방어시스템)이다. MD는 개전 초기 자국의 군사기지나 항모, 본토를 향해 날아올지 모르는 적국(중국과 러시아, 그리고 최근에는 북한)의 미사일을 방어하기 위한 수단이다. 전부는 아닐지 몰라도 일부라도 방어할 수 있다면, 미국이 가지고 있는 전세계적 차원의 핵 공격 능력(핵미사일, 핵잠수함, 핵항공모함, 핵전폭기)으로 적국의 핵 보복 능력을 거의 대부분 무력화시킬 수 있다고 믿는다(혹은 믿도록 설득 받고 있다).

보수적인 시각을 가진 정치인들이나 정치평론가들은 사드나 MD 가 방어수단에 불과한데 왜 그렇게 호들갑이냐고 이야기들을 하지만, 공포의 핵 균형을 무너뜨리는 결정적 수단으로써의 사드나 MD 는 새로운 전략무기의 개발이나 증산보다도 오히려 잠재적 적국 입장에서는 두려운 존재일 수밖에 없다. 막을 수 없도록 새로운 공격수단을 강화해야 하고, 끊임없는 군비 경쟁에 휘말리고, 새로운 공격수단이 미개발된 상태에서 자국의 보복능력이 제약될 가능성이 있다고 볼 때는 감히 군사력을 배경으로 미국의 요구에 맞설 수가 없게 된다. 결국 미국이 주도하는 세계패권질서 앞에서 자국의 이익을 포기할 수밖에 없게 되는 것이다.

여러 구구절절한 이야기가 있으나 사드가 미국의 전세계적 차원의 MD의 일환임은 너무나 당연하다. 미국이 주도하는 한미일 정보 공유협정 등이나 주한미군의 유연성, 주일미군기지의 강화 속에서 언제든 중국과 러시아의 핵 능력을 무력화할 수 있는 수단 중 하나가 사드이고, 설혹 지금은 중국이나 러시아를 감시하지 않는다고 변명하지만 불과 8시간 내에 소프트웨어와 배치를 바꾸면 언제든 감시할 수 있다면 이를 MD의 일부가 아니라고 누가 믿을 수 있겠는가? 중국 측에서는 사드가 정말 북한 핵을 목적으로 하고 있다면 감시 수단인

TPY-2 레이다 대신 그린파인Green Pine 레이더 등 근본적으로 중국 감시가 불가능한 레이다로 대체할 것을 대안으로 제시하고 있기도 하다.

제대로 된 보수라면 대한민국 땅에 사드를 도입하여 미국이 주도하는 대중국(러시아) 압박에 동참하는 결정을 할 수가 없다.

북한 핵(미사일) 문제를 어떻게 해결해야 할지는 보수냐 진보냐에 따라 다를 수도 있겠으나, 사드의 도입은 한국의 현재와 미래를 고민하는 책임 있는 지도자라면 그가 보수이냐, 진보이냐와 관계없이 찬성할 수가 없는 문제인 것이다.

북한 핵이 쉽게 해결되기 어렵다는 것은 누구나 안다. 유엔 안보리 제재를 통해 중국과 러시아와의 협력을 극대화하여 북한을 압박해 스스로 포기하게 하든, 중국(러시아)이 요구하듯 미국이 대북핵 정책을 바꿔 새롭게 협상의 틀에 나서서 해결하든 모두 시간이 걸리는 문제이다. 그리고 모두 중국(러시아)의 적극적 협력이 필요하다. 더욱이나 한국은 관광무역 등의 경제 분야에서 대중국 의존도가 이미 대미국 의존도를 넘어선 지가 한참 되었다.

중국과 강력한 패권 다툼을 벌이고 있는 미국은 중국의 반발을 무시할 수 있거나 오히려 의도적으로 갈등을 유발하는 것이 자신들에게 유리할 수도 있다(과거 소련의 경험처럼). 무역 보복도 한국이 당하고 관광객이 끊기는 것도 한국이다. 극단적으로 미중 군사적 갈등이 발행하고 국지전이 일어나는 곳도 한국이 될 가능성이 크다.

대한민국의 미래에 대해 객관적이고 현실적으로 사고하는 보수라면 사드에 대해서 이처럼 쉽게 결정할 일이 아니었다. 개성공단을 그렇게 쉽게 포기하였던 것도 대단히 어리석지만, 개성공단은 그래도 우리 내부의 문제다. 하지만 사드는 한반도를 둘러싼 역학관계에서 미국과 중국 중 어느 한 편에 확실히 서겠다는 선언과도 같다. 과연 우리나라가 지금 미국 편에 서서 미국의 첨병 노릇으로 생존이 가능한지 의문이다. 게다가 사드의 도입과 함께 필수적으로 점차 강화될 것으로 보이는 한미일 군사동맹의 강화가 과연 우리나라 국민들의 정서에도 부합할 수 있을 것인가? 사드 배치와 관련하여 중국의 경제 보복이 본격화되고 있는데, 우리 대한민국의 대중 무역의존도는 이미 미국와 일본을 합한 것보다 더 크다. 무역으로 먹고 사는 대한민국이 도대체 어떻게 먹고 살려고 하는 것이지 의문이다. 보수 쪽 사람들이 대체로 먹고 살만해서 중국과의 무역에 장애가 오고 그로 인해 우리나라 경제가 침체되어도 자신들은 별 걱정 없다는 것인가? 국가와 민족의 미래를 걱정한다는 차원에서도 사드는 바람직하지 않지만, 보수 진영의 집권을 위해서도 사드는 대 실패작이다.

국민이 결정하면
해결 된다

앞에서 정리한 사드에 대한 생각은 내 개인적인 생각일 뿐이다. 국가의 중요한 문제인 사드가 합리적 절차를 거쳐 국민 다수의 의견으로 결정된다면 나는 내 개인적인 생각을 바꾸지는 않겠지만, 사드 배치가 국민 대다수의 뜻이라고 인정하고 정부의 사드 배치 추진을 더 이상 반대하지는 않을 것이다.

사드 배치 결정 후 대한민국은 보수와 진보로 갈려 치열한 공방이 계속되고 있지만 찬반 의견은 팽팽한 상황이다. 2017년 2월 17일 국민일보와 한국사회여론연구소(KSOI)가 공동으로 조사한 여론조사를 보면 우리 국민들은 사드 배치에 대해 '차기 정부의 외교적 부담을 덜기 위해서라도 차기 정부에서 결정해야 한다'는 응답이 41.4%, '예정된 사드 조기 배치 및 2~3개 포대를 추가 배치해야 한다'는 응답은 38.1%였다. '중국 등의 강경한 입장을 고려해 배치하지 말아야 한다'

는 응답은 14.6%였다. 차기 정부로 넘겨야 한다는 응답과 배치하지 말아야 한다는 응답을 합하면 56%이다.

박근혜 정부는 위안부 문제를 영구적으로 거론하지 않는 조건으로 일본으로부터 10억 엔을 받는 것으로 퉁치기로 했다. 한때 우리나라를 강점하였던 제국주의 일본과 한일군사정보보호협정을 체결하였다. 개성공단도 하루아침에 폐쇄하였다.

국민들 중 다수가 이에 대해서 반대한다. 개성공단은 가동 중단 1년째 되는 2017년 2월 11일 한국갤럽에서 여론 조사한 바에 따르면 재개 54.6%, 계속폐쇄 34.7%로 나왔다. 개성공단 폐쇄가 한반도 평화에 도움이 되었나? 라는 질문에는 도움이 안 되었다는 여론이 75.9%였다. 개성공단 폐쇄는 다수의 국민들도 반대하였지만, 특히 개성공단에 입주하였던 기업주나 해당 기업의 임직원들에게는 하루아침에 생존권이 박탈당한 천재지변이었다. 이런 결정이 대통령의 통치행위라는 이름으로 일방적으로 이뤄져도 되는 것일까? 그에 따른 피해나 보상은 어떻게 하겠다는 계획도 없었다.

박근혜 정부의 문제만은 아니다. 이명박 정부는 많은 국민들의 반대에도 불구하고 4대강 사업을 밀어 붙였다. 무려 22조원이 들어간 막대한 예산소요 사업이었다. 대통령 취임 직후 미국을 방문해서 부시 대통령과 만나면서 미국산 쇠고기 수입을 약속하였다. 미국산 쇠고기 수입은 수많은 국민들이 광화문에서 촛불을 들고 반대하였으나 끝내 이명박 대통령의 뜻대로 관철되었다.

소위 민주정부 혹은 진보정권이라고 해서 크게 다를 것이 없었다. 노무현 대통령은 지지자들을 포함해서 많은 국민들이 반대했던 한미 FTA, 이라크 파병 등을 밀어붙였다. 수도 이전도 추진하였다.

위 정책들 하나하나에 대해서는 각자 입장이 다를 수도 있다. 나역시 필요했던 것이라고 생각되는 것도 있고, 반대하는 것도 있다. 문제는 각 정책들이 옳은가 그른가에 있지 않다. 국민들의 생활과 미래에 큰 영향을 미치는 정책들이 대통령의 의지에 따라 국민들의 뜻과 관계없이 일방적으로 추진된다는 점에 문제가 있다. 위에서 언급한 정책들 중 유일하게 대통령의 뜻대로 진행되지 않은 것은 수도 이전이다. 수도 이전은 헌법재판소에서 위헌판결로 저지되었기 때문이다.

위 정책들이 정말 중요하고 필요하였다면, 국민투표를 하면 되지 않았을까? 현재 우리 헌법은 제72조에 '대통령은 필요하다고 인정할때에는 외교·국방·통일 기타 국가안위에 관한 중요정책을 국민투표에 붙일 수 있다'고 되어 있어 국민투표 제도를 엄격하게 제한하고 있다. 국민투표에 붙일 수 있는 것도 외교·국방·통일 기타 국가안위에관한 중요 정책으로 제한하고 있고, 국민투표에 붙일 수 있는 권한도 대통령에게만 부여되어 있다.

헌법을 개정하여 국민들 중 일정 숫자 이상이 제안하는 정책이나 법률, 조약 등에 대해서는 국민투표에 붙일 수 있도록 하여야 한다.

　국민투표제의 도입에 대해 우려하는 의견들도 있다. 가장 큰 반대는 비용의 문제일 것이다. '투표에 따른 막대한 비용을 어떻게 감당할 것인가?'라는 우려이다. 그러나 어떤 정책이나 조약 법률 등을 매번 국민투표에 붙이자는 것은 아니다. 국민투표는 그야말로 국민들의 삶 전반에 영향을 미치는 사안으로 유권자의 5% 정도(현재 유권자수 기준 약 200만 명)가 서명한 것으로 제한을 두면 된다. 200만 명 정도가 서명하여 국민투표에 붙일 것을 요구하는 사안이라면 비용을 들여서라도 국민투표에 붙일 가치가 있다.

　사드, 개성공단, 위안부 문제 등 국민들의 반대 여론이 광범위하게 존재함에도 대통령과 집권당이 일방적으로 몰아붙인 결과를 보라. 반대하는 사람들은 주말마다 광화문에서 촛불을 들고 시위를 벌인다. 정책은 국민 반대 여론으로 정당성을 확보하지 못하고 힘 있게 추진할 수가 없게 된다. 외국과의 협상이 필요한 문제는 더욱 더 국민투표 등을 통해 확실한 법적 정치적 정당성을 확보하는 것이 중요하다.

　또 국민투표를 반드시 현재와 같이 투표소를 설치하고 종이를 가지고 해야 할 이유도 없다. 이미 핸드폰과 PC 등을 이용한 인터넷 네트워크는 온라인뱅킹에서부터 전자상거래, 대학원서 접수, 온라인 시험 등 엄격한 검증이 필요한 부분에서 활용되고 있다. 정치의 영역에서도 정당들은 이미 오래 전부터 모바일 투표를 도입하였다.

21세기에 적합한 온라인 국민투표 시스템을 개발하자. 개발비와 유지 운영하는 데 들어가는 비용이란 선관위 홈페이지 정도면 충분하다.

비용의 문제 외에 정책 추진의 일관성이 흔들릴 수 있다는 문제점도 있다. 그러나 생각해보라. 남북문제와 관련해서 우리는 극과 극의 정책들을 경험한 바 있다. 김대중과 노무현 대통령 시절에 남과 북은 6.15 공동선언과 10.4 공동성명을 통해 당장에라도 통일이 될 듯한 분위기였다. 이명박 정부와 박근혜 정부는 반대로 5.24 조치, 개성공단 폐쇄, 북한인권법 통과, 사드배치 등 극단적 대결 정책을 펼쳤다. 대통령 한 사람이 바뀌었다고 정책이 극에서 극으로 가고 있는 것이 현실이다. 이렇게 정권이 교체되었다고 정책이 하루아침에 극에서 극으로 가는 것이 문제이다. 국민투표를 통한 정책 결정은 오히려 대한민국 전체 정책의 일관성을 유지하는 데 도움이 된다.

국민투표를 거치게 되면 정책의 일관성뿐 아니라 정책 추진의 동력도 얻게 된다. 지금처럼 국민의 일부가 반대하는 상황에서 특정 정책을 밀어붙이는 것보다는 국민투표를 통해 찬성이 다수인 것을 확인한 상황에서 정책 추진이 훨씬 쉽고 강력할 것은 너무나 당연하다.

선출된 대통령이나 국회의원들의 정책 추진에 혼선을 주고 효율성을 떨어뜨린다는 비판이 있을 수 있다. 또 국민여론이 광풍처럼 휘몰아쳐 법률적 효력이 있는 국제조약에 위배되는 결정이 내려지거나 혹은 정책 또는 법률 차원의 문제가 상위법인 헌법을 위반하는 경우도 있을 수 있다.

이런 문제점들을 생각해보면 일단 목표 서명에 도달한 국민투표 제안이라고 해서 바로 국민투표에 회부하는 것은 적절하지 않을 수 있다. 이런 문제점을 해소하기 위해 완충 장치로 국민투표 실행 직전에 거부권 장치를 만들 수 있다.

예를 들면 국민투표가 목표 서명에 도달한 후 2개월 정도의 유예 기간을 둔다. 그 기간 동안 대통령, 국회의원 과반수 이상, 헌법재판소 3분의 2 이상이 각각 개별적으로 해당 국민투표의 부적합성을 설명하고 거부권을 행사할 수 있도록 한다. 만약 국민투표 제안이 특정 지자체라면 해당 지자체장, 해당 지자체 의원 정수의 과반수 이상에 의해 거부권을 행사하도록 한다. 거부권을 절대적으로 인정한다면 역시 국민의사가 반영되지 않는 문제점이 있을 수 있다. 기존의 서명자를 포함해서 국민들은 거부권 행사의 취지를 검토하고 다시 서명을 할 수 있다. 기간은 2개월을 두고 2개월 내에 다시 유권자 수의 5% 이상이 거부권에도 불구하고 국민투표 부의가 필요하다고 결정하면 그 때는 국민투표를 실시하도록 한다. 물론 거부권 행사가 없는 경우에는 자동으로 국민투표가 실시된다.

국민투표
시스템

중앙선거관리위원회가 주관하는 온라인 국민투표 시스템을 만들고 이 선거관리 시스템은 국회와 사법부, 그리고 IT전문가들에 의해 투명하고 객관적으로 운영하게 한다.

국민투표의 안건 선정에서부터 아예 온라인으로 시작하는 것이 효과적일 것이다. 예컨대 사드 문제라고 생각해보자. 정부에서는 사드 도입이 필요하다고 생각하면 추진하면 된다. 그 과정에서 누군가 사드가 문제가 있다고 생각하면 그 문제점과 함께 국민투표를 추진하자는 발의를 낼 수 있다. 국민투표 제안은 일정한 법적 형식적 여건을 갖추도록 하여 그 여건을 갖춘 제안에 한해서 유효하게 등록되도록 한다. 또 이 시스템의 사용자는 공인인증서나 핸드폰 인증 등의 방법을 통해 주권자의 자격을 인증하여 사용할 수 있도록 하고, 국민투표가 필요하다고 생각하는 사람들은 인증을 거친 후 찬성제안을 할 수 있다.

국민투표 제안이 최소 10만 명이 넘어서면 관련 정부와 국회의 해당 상임위 소속 가칭 '국민보좌관'들이 객관적인 사실과 쟁점 사항들을 정리해서 등록하도록 의무를 정한다. 국민들은 쟁점과 구체적인 문제점 등을 좀 더 정확히 파악할 수 있게 된다. 이런 과정을 거쳐 200만 명이 넘게 국민투표를 발의하였다면 그 때는 국민투표 과정으로 넘어간다.

무한정 시간을 끌 수는 없으니 최초 발의 때부터 200만 명이라는 목표 서명에 도달할 때까지는 3개월 정도 시간을 둔다. 직접민주제를 전면 도입하고 있는 스위스의 경우 국민투표의 목표 서명에 도달하는 과정까지를 18개월로 하고 있지만, 우리나라는 기질적으로 속전속결의 특징이 있으니 그 기간을 단축할 수 있을 것이다.

3개월 내에 200만 명의 목표 서명에 도달하지 못한 국민투표 제안은 무효화되며 자동으로 그 때까지 한 서명은 모두 사라진다. 국민투표는 누구나 제안할 수 있으니 일사부재의 원칙은 적용하지 않는다.

예컨대 사드 배치 국민투표가 처음 제안했을 때에는 3개월이 되는 동안 190만 명밖에 서명하지 않았다면 그 국민투표 제안은 자동 무효화된다. 그리고 정부는 정책을 추진한다. 그런데 정책 추진 과정에서 뜻밖의 예상치 않았던 문제점이 드러나고 국민 여론이 사드 배치 반대로 돌아설 수가 있다. 이렇게 되면 누군가 또 사드 배치 국민투표를 제안할 수 있다. 이 경우 사드 배치 국민투표는 다시 0에서부터 시작하여 목표 서명을 받아야 한다.

좀 더 정교하게 국민투표 시스템을 설계할 수도 있을 것이다. 예컨대 특정 지자체에만 해당하는 정책이거나 조례 등이라면 해당 지자체 유권자 수의 5% 정도로 서명인 수를 축소할 수도 있다.

국민투표의 관리는 중앙선거관리위원회 위원장(이하 중앙선관위)이 하게 한다. 그리고 중앙선관위원회는 헌법기관으로 격상시켜 중앙선관위원장을 국민이 직접 뽑게 한다. 최종적으로 국민투표에 부의하기로 결정한 안은 1개월 정도의 찬반토론 기간을 갖도록 한다. 중앙선관위원장은 공영방송 등을 활용해 해당 국민토론에 대한 찬반토론을 3회 이상 의무적으로 실시하게 한다. 지자체 단위의 국민투표라면 해당 지역 방송을 활용한다.

이후 중앙선관위원장은 투표 기간(3일 정도를 둔다)을 정하고 투표 개시 3일 전에 현재의 재난 방송처럼 모든 국민들의 핸드폰으로 투표 공고를 한다. 물론 방송 등을 통해서도 투표 공고를 할 수 있다. 인터넷으로 투표가 불가능한 사람들을 위해 지자체 단위로 적정 숫자의 오프라인 투표소도 설치한다.

유효투표수는 유권자 수의 30% 정도로 하고 제안에 대한 찬성(예컨대 사드배치 반대 제안에 대한 찬성)이 유효투표의 50%를 넘으면 그 제안은 의무적으로 정책 혹은 법률로 확정되도록 한다. 찬반 결정은 과반수로 정한다.

국민이 뽑은 대리인은
국민 손으로

박근혜 대통령이 탄핵될 때까지 매주 토요일과 일요일 촛불집회가 있었다. 나 역시 국민의 한 사람으로 자주 촛불집회에 참석하였다. 이 글을 쓰는 2017년 2월 25일을 기준으로 주최 측이 추산한 촛불집회는 총 17차였고, 참석인원은 연인원 1,428만 명이었다. 촛불집회에 참석하는 시간을 평균 4시간 정도로 계산한다면 연인원×시간은 총 5712만 시간이다. 2017년 기준 시간당 최저임금은 6417원이다. 연인원×시간×최저임금을 계산하면 3665억 3904만 원이다. 시간 당 최저임금 외에도 교통비, 식대 등을 감안하면 1인당 1만 원 가량은 추가되었을 것이다.

박근혜 대통령 탄핵 반대 집회 비용도 만만치 않을 것으로 추산된다. 시간이 갈수록 반대 집회의 인원도 많아졌고, 언론 등의 보도를 통해 보면 일당의 지급도 있었던 것으로 보인다. 그 외에 박근혜 대통령의 직무정지로 인한 기회비용의 손실 등을 감안하면 쉽게 추산하기 어려운 비용이 박근혜 대통령 탄핵 문제로 발생한 것이다.

비용은 오히려 별 문제가 아닐 수 있다. 박근혜 대통령이 탄핵되기 전부터 국민 여론은 일관되게 탄핵 찬성이 80%를 넘어섰다. 이렇게 다수의 국민들이 박근혜 대통령이 탄핵되어야 한다고 생각하고 있다. 박근혜 대통령은 충분히 자신을 방어할 수 있는 시간과 조건이 있었고, 최대한 자신을 변호하였음에도 불구하고 이 숫자가 나오고 있는 것이다. 게다가 국회의원 3분의 2의 찬성으로 박근혜 대통령 탄핵안이 의결되었다.

그럼에도 촛불을 들고 있는 시민들의 마음은 조마조마하였다. 설마 탄핵이 기각되지는 않으리라는 마음을 갖고 헌법재판소의 판결을 지켜보았지만, 도무지 왜 국민들이 선출한 대통령의 탄핵 문제의 최종 결정을 헌법재판소에서 내리는지 의문이 들 수밖에 없다.

헌법에 근본적인 문제가 있었던 것이다. 탄핵 소추는 국회의원 3분의 2가, 그 소추된 탄핵을 최종 심판하는 것은 헌법재판소 재판관 6인 이상의 찬성에 의해서 이뤄진다. 도대체 국민은 어디에 있는 것인가? 국민의 손으로 뽑은 대통령인데 대통령을 탄핵하는 과정에서 국민의 권리는 없다.

이미 고대 그리스에서는 도편추방제라는 매우 원시적인 형식이었지만 시민의 손으로 권력자를 추방할 수 있는 권리를 행사하였다. 민주주의 선진국인 많은 나라들에서 선출직 공무원을 탄핵할 수 있는 국민소환권이 행사되고 있다.

고대 왕정 국가들에서는 종종 신관이 존재하였다. 왕권과 신권을 통해 전제정치를 견제하는 수단이었다. 그러나 대체로 권력은 상호 결탁하고 서로가 서로를 필요로 하며 존중한다.

탄핵심판을 헌법재판소에서 내리는 것은 일종의 고대 신관과 비슷한 역할을 헌법재판관에게 부여한 셈이다.

국민이 선출한 국회의원들이 탄핵발의를 하고, 또 의결을 하는 것은 권력분립이라는 민주주의 정신에 비춰볼 때 당연하다. 대통령의 경우 특히 발의 요건이 국회의원 과반수 이상, 의결 요건이 3분의 2 이상이라는 점도 타당하다. 다만, 그렇게 의결된 대통령 탄핵안의 최종 심판권자가 헌법재판소에 맡겨지는 것에는 큰 의문이 있다.

헌법재판소는 법관 자격을 가진 9명의 재판관으로 구성되며, 대통령이 임명한다(헌법 제111조 2항). 재판관 중 3인은 국회에서 선출하는 자를, 3인은 대법원장이 지명하는 자를 임명하도록 되어 있고(헌법 제111조 3항), 헌법재판소장은 국회의 동의를 얻어 대통령이 임명한다(헌법 제111조 4항).

이렇게 대통령에 의해 임명된 헌법재판소는 ①법원의 제청에 의한 법률의 위헌여부 심판, ②탄핵의 심판, ③정당의 해산 심판, ④국가기관 상호간, 국가기관과 지방자치단체 간 및 지방자치단체 상호간의 권한쟁의에 관한 심판, ⑤법률이 정하는 헌법소원에 관한 심판을 관장한다(헌법 제111조 1항). 이 중 1호와 5호는 헌법과 하위법률이 일련의 위계질서를 갖고 있다는 점 즉 각종 법률 등은 헌법에 위배될 수 없다는 원리에 기초해본다면 전문성을 갖춘 법관들로 구성된 헌법재판소가 관장하는 것이 타당하다. 4호 역시 헌법 기관들 상호간의 권한쟁의로써 이 역시 헌법의 최종 수호자로서 헌법재판소가 관장하는 것이 옳다.

대통령 외에 탄핵 대상이 되는 사람들은 국무위원·행정각부의 장·헌법재판소 재판관·법관·중앙선거관리위원회 위원·감사원장·감사위원, 기타 법률이 정한 공무원이다. 이들은 현재는 모두 임명직이다. 국회에서 탄핵을 의결한 경우 대통령의 임명권과 충돌이 될 수 있으므로 제3의 독립기관이자 헌법과 법률의 최고 판단기관인 헌법재판소에서 최종 심판을 하는 것이 타당하다.

그러나 대통령은 국민이 선출한 사람이다. 만약 박근혜 대통령의 탄핵의결이 헌법재판소에서 기각되었다고 생각해보자. 국민여론 80% 이상이 찬성하고 1500만 명이 넘는 연인원이 엄동설한에도 촛불을 들고 박근혜 대통령 탄핵을 외쳤다. 어떤 사태가 벌어지게 될까? 대한민국은 순식간에 아수라장이 되었을 것이다. 반대로 노무현 대통령 탄핵 때를 생각해보자. 노무현 대통령의 탄핵은 국민 다수가 반대하였다. 국회에서 대통령 탄핵이 의결된 것은 집권 여당 내부에서 총선을 앞두고 분열된 상황에서 새천년민주당 의원들과 당시 신한국당 의원들이 결탁하여 내린 결정이었다. 이 당시 시민들은 촛불을 들고 노무현 탄핵 반대를 주장하였다. 헌법재판소에 의해 대통령 탄핵의결이 최종 인용되었다면 어떻게 되었을까? 역시 대한민국은 극단적 분열 속에 내란으로 치달을 가능성이 있었다. 국민이 선출한 사람의 탄핵 여부는 최종적으로 국민이 심판하게 해야 한다.

물론 그 과정에서 헌법재판소가 일정한 기능과 역할을 할 수 있다. 국회에서 탄핵안 의결이 나오게 되면 헌법재판소는 숙의를 거쳐 헌법적 쟁점 사항을 정리하고 그에 따른 결론을 제출할 수 있게 한다. 최종 결론에 해당하는 다수의견과 그에 대한 반대 쟁점을 정리한 소수의견이 있을 수 있다. 국민들은 헌법재판소의 결론을 참조하여 국민투표를 통해 대통령 탄핵을 최종 결정하면 된다. 다행히 헌법재판소의 결론과 국민의 최종 투표 결과가 일치하면 헌법재판소에 대한 국민신뢰는 높아질 것이고, 불행하게도 결론이 다르게 나왔다면 헌법재판소의 헌법에 대한 판단과 국민의 판단이 다른 것이 되니 헌법재판소는 해산하고 새롭게 구성하는 것으로 한다.

탄핵 심판의 최종 결정을 국민투표로 하는 것 외에도 탄핵발의 자체를 국민들이 할 수 있도록 해야 한다. 수많은 국민들이 촛불을 들고 "대통령은 하야하라. 박근혜를 탄핵하라"라고 외치면서 국회만을 쳐다보고 있었다.

촛불을 든 시민들은 마음에서 이미 박근혜 대통령을 탄핵하였는데, 야당 국회의원들 중 일부는 초기 대통령의 탄핵을 망설였다. 야당이 결단을 내린 후에도 집권여당 내에서 얼마나 많은 숫자가 대통령 탄핵 의결에 동참할 것인지를 두고 마음을 졸였다.

국민 스스로가 탄핵안을 발의할 수 있었다면 이런 마음 졸임은 없었을 것이다.

일반적인 국민투표와 마찬가지로 탄핵도 해당 유권자수의 5% 정도가 서명하여 발의하도록 한다.

탄핵안이 유권자에 의해 발의되면 2개월 내에 국회와 헌법재판소는 각자의 의견을 제출할 수 있도록 한다. 국회는 3분의 2 이상의 찬성을 통해 탄핵안을 의결하거나 혹은 철회할 수 있다. 헌법재판소 역시 병행하여 탄핵심판의 결론을 내릴 수 있다. 이렇게 내려진 국회의 입장, 헌법재판소의 입장을 충분히 판단하고 국민들은 투표로 최종 결정을 내린다. 이것이 국민이 주인이 되는 민주주의이다. 이미 다수의 선진 민주주의 국가에서는 '국민소환'이라는 이름으로 시행되고 있는 제도이다.

우리나라 탄핵제도의 또 다른 문제는 탄핵 대상에 국회의원은 포함되어 있지 않다는 점이다. 헌법에 탄핵 대상은 대통령과 임명직 공무원으로 제한되어 있다.

지방자치단체장과 지방의원의 경우 2007년 7월 1일부터 시행된

'주민소환에 관한 법률'에 의해 소환(탄핵)이 가능하다. 광역자치단체는 해당 지역 전체 유권자의 10% 이상이 찬성하면 주민소환투표를 청구할 수 있고(주민소환에 관한 법률 제7조 1항 1호), 기초단체장과 지방의원은 각각 15% 이상과 20% 이상이다(같은 법률 7조 1항 2호, 3호). 다만 관할구역이 3개 이상인 경우 3분의 1 이상에서 정해진 수 이상 서명을 받도록 제한조건을 두고 있다(같은 법 제7조 3항). 소환 대상자는 유권자 3분의 1 이상이 투표에 참여하여 과반수 이상이 찬성하면 즉시 해임된다(같은 법률 제22조 1항).

이 법에 따라 지난 10년 동안 80여 건의 주민소환투표가 발의됐음에도 실제 실시된 것은 8건, 그 중 개표에 이른 것은 2건에 불과하였다. 이 때문에 최근 이 법안의 요건을 완화하는 개정안이 국회에서 논의 중이다.

같은 선출직임에도 불구하고 지방자치단체장과 지방의원은 소환(탄핵)이 가능함에도 불구하고 국회의원은 전혀 법률적 근거가 없다는 것은 누가 보아도 국회의원들의 직무유기이자 특권의식이라고 볼 수밖에 없다. 탄핵 정국 속에서 분노한 국민여론을 의식하여 2016년 12월 12일 국회의원 소환이 가능한 3건의 법률안이 제안되어 계류 중에 있다. 김병욱 더불어민주당 의원과 황영철 바른정당 의원이 각각 발의한 '국회의원의 국민소환에 관한 법률안'과 박주민 민주당 의원이 제출한 '국민소환에 관한 법률안'이다. 그런데 막상 발의는 되었지만 이 글을 쓰는 현재까지 이 법안이 통과될 가능성은 별로 커보이지 않는다. 말로는 민주당, 바른정당, 자유한국당 모두 이 법안의 필요성에 대해 동의하고 있음에도, 다만 '시급한 법안'이 아니라는 이유로 정식으로 논의조차 되지 못하고 있는 상황이다.

국민이
발의할 수 있게 하라

박근혜 대통령은 수많은 국민들의 탄핵과 사임 요구에도 모르쇠로 일관하며 자신의 범죄에 대한 검찰이나 특검 혹은 헌재 재판관들의 조사에 일체 응하지 않았다. 대한민국 사법부에서 결정한 청와대 압수수색 영장도 거부하였다. 모두 법률에 기초한 행위라고 주장하였다. 분노한 촛불 시민들이 법률안을 제안할 수 있다면 당장에라도 박근혜 대통령에 대한 강제 수사와 청와대에 대한 압수수색이 가능한 법률안을 만들고 싶었을 것이다. 이런 국민들의 요구는 국회를 통해서만 가능하다. 왜 이렇게 되어 있는 것일까? 대한민국 주권이 국민에게 있고, 모든 권력은 국민으로부터 나온다고 하면서 왜 입법과 관련된 권한에서 국민들이 참여할 수 있는 가능성은 원천적으로 차단되어 있는 것일까? 헌법을 바꾸면 해결될 수 있다.

2016년 12월 1일 박근혜 대통령은 박영수 전 서울고검장을 '최순실 등 민간인에 의한 국정농단' 특별검사로 임명하였다. 자신이 유력한 공범으로 지목되고 있는 사건수사를 목적으로 하는 검사를 직접 임명하는 박근혜의 심정은 어떠했을까?

특검 이전에 검찰에서는 '최순실 의혹' 특별수사본부를 설치하였고, 최순실, 안종범(전 청와대 정책조정수석), 정호성(전 청와대 부속비서관), 장시호, 김종(전 문화체육관광부 차관) 등이 구속된 상황이었다.

특검은 12월 21일부터 수사를 개시하기 시작하여 삼성합병 찬성 관련 문형표 전 보건복지부 장관을 구속기소하는 것을 시작으로 최순실의 딸 정유라와 연관된 이화여대 입시 및 학사비리 관련 남궁곤(이화여대 전 입학처장), 김경숙(전 신산업융합대학장), 류철균(필명 이인화, 디지털미디어학부 교수), 이인성(의류산업학과 교수) 등 4명의 교수와 최경희 이화여대 전 총장을 구속하는가 하면, 문화예술계 블랙리스트 의혹 관련해서는 김종덕(전 문화체육관광부 장관), 정관주(전 문체부 1차관), 신동철(전 청와대 정무비서관), 김기춘(전 청와대 비서실장), 조윤선(전 문화체육관광부 장관) 등 5명을 구속기소하였다. 김상률(전 청와대 교육문화수석비서관), 김소영(전 청와대 문화체육비서관) 등 2명은 불구속 기소되었다. 박근혜 대통령의 뇌물의혹 사건과 관련해서는 이재용(삼성전자 부회장)을 구속 기소하였고, 청와대 비선진료 의혹과 관련해서는 박채윤(와이제이콥스메디칼 대표, 김영재 원장 부인)을 구속 기소하였다.

특검이 진행하는 수사에 많은 국민들은 갈채와 응원을 보냈다. 더

많은 진실이 밝혀지고 범죄 혐의가 있는 사람들이 재대로 처벌받기를 기대하였기 때문이다.

그런데 이런 국민들의 여망과는 달리 특검은 2017년 2월 28일 그 활동이 종료되었다. 황교안 대통령 권한대행이 특검연장을 승인하지 않았기 때문이다. 2017년 2월 16일 여론조사 전문기관인 리얼미터에서 CBS '김현정의 뉴스쇼'의 의뢰를 받아 실시한 특검 연장에 대한 찬반 여론조사 결과에 따르면 국민의 67%는 특검 연장에 찬성하는 것으로 나왔다. 유사 이래 최고의 권력기관인 대통령을 대상으로 하는 수사였고, 많은 국민들의 관심을 받았던 특검이었지만 지켜보는 국민들에게는 답답한 일이 한둘이 아니었다. 청와대 측에서 압수수색영장을 여러 차례 거부하였고, 피의자 박근혜 대통령이 검찰은 물론 특검의 조사에 일체 응하지 않았다. 이런 상황에서 60일(준비기간 20일 제외)의 짧은 기간에 모든 수사를 완료하기는 물리적으로 불가능하였고, 이 때문에 국민들은 특검법에 따라 수사기간이 연장되기를 기대하였다.

특검 연장여부의 결정은 법령 특별검사의 임명 등에 관한 법률 제10조(수사기간 등) 3항과 4항에 근거를 두고 있다. 3항은 '특별검사가 제2항의 기간 내에 수사를 완료하지 못하거나 공소제기 여부를 결정하기 어려운 경우에는 대통령에게 그 사유를 보고하고 대통령의 승인을 받아 수사기간을 한 차례만 30일까지 연장할 수 있다'고 되어 있고, 4항은 '제3항에 따른 보고 및 승인요청은 수사기간 만료 3일 전에

행하여져야 하고, 대통령은 수사기간 만료 전에 승인 여부를 특별검사에게 통지하여야 한다'고 되어 있다.

특검연장과 관련하여 또 다른 방법이 있었다. 바로 위 법령 '특별검사의 임명 등에 관한 법률'을 개정하는 방안이었다.

민주주의는 다수 국민의 지배를 의미한다. 근대 민주주의가 성립되는 과정에서 전제적 군왕과 귀족들의 특권에 맞서 싸웠던 다수 대중의 무기가 바로 법에 의한 지배를 의미하는 법치주의였다. 플라톤은 "법이 정부의 주인이고 정부가 법의 노예라면 그 상황은 전도유망하고, 인간은 신이 국가에 퍼붓는 축복을 만끽할 것입니다"라고 말한 바 있다. 동양에서도 법치주의를 대표하는 법가에서는 "법을 받드는 것이 강하면 강한 나라가 되고, 법을 받드는 것이 약하면 약한 나라가 된다"고 하였다.

때문에 국가의 권력 중 가장 중요한 권력은 바로 법을 제정하는 입법권이다. 당연히 대한민국의 주권이 국민에게 있다고 했을 때 그 주권이 실제로 국민에게 있는가의 여부는 바로 입법권이 누구에게 있는가를 기준으로 판단할 수 있다.

우리 헌법 제40조는 입법권은 국회에 속한다. 라고 되어 있다. 주권은 국민에게 있다고 1조 2항에 규정되어 있는데, 입법권은 가장 중요한 주권의 구성 요소가 아닌가? 왜 이렇게 명시적으로 입법권은 국회에 속한다고 표현되어 있는 것일까?

원칙적으로 입법권은 국민에게 속해야 한다. 국회는 국민을 대리하여 입법 행위를 하는 것에 불과하다. 헌법 제40조는 '입법권은 국회와 국민에 속한다. 국민이 요구하는 입법은 국민투표로 정한다'라고 바꾸는 것이 옳다. '국회의원과 정부는 법률안을 제출할 수 있다'고 되어 있는 헌법 제52조 역시 개정하여 '국민과 국회의원과 정부는 법률안을 제출할 수 있다'로 개정해야 한다. 법률안 발의를 국민들이 할 때 역시 유권자 수의 5% 정도의 서명 동의를 얻으면 가능하도록 한다.

4부

양심의
자유

언론출판의
자유

현대 인류는 모든 인간이 평등하고 재산이나 직업의 귀천과 관계없이 모두가 존엄하다는 인본주의를 공유하고 있다. 인본주의는 민주주의나 사회주의, 혹은 노골적인 독재 사회에서조차 부인하기 어려울 정도로 인류 공통의 원리로 자리 잡았다. 특히 국민주권을 제1의 원리로 하는 민주주의는 사람에 대한 존중이라는 인본주의의 정치적 표현이라고 볼 수 있다.

왕과 귀족들이 지배하던 시기에는 신분에 따라 인간들의 귀천이 정해졌다. 농민과 같은 평민은 말할 것도 없고, 농노나 노예는 도무지 같은 인간으로 취급되지 않았다. 그 당시 인민은 왕이나 귀족들이 마음대로 처벌하고 처분할 수 있는 물건과 같은 존재였다.

민주주의를 향한 치열한 투쟁은 동시에 인간 각자의 존엄성에 대한 인식의 확산과 함께 하였다. 인간은 집단으로서 존엄한 것이 아니고, 개인들 각자가 존엄한 존재이다. 배우지 못하고, 돈도 없고, 못생기고, 변변한 직업도 없으며, 심지어는 흉악한 범죄를 저지른 자라할지라도 인간으로서의 존엄성은 훼손될 수 없다.

우리 헌법은 이런 인간의 존엄에 대해 구체적이고 상세하게 표현해놓고 있다.

헌법 제10조는 '모든 국민은 인간으로서의 존엄과 가치를 가지며, 행복을 추구할 권리를 가진다. 국가는 개인이 가지는 불가침의 기본적 인권을 확인하고 이를 보장할 의무를 진다'고 되어 있다.

이 명제를 기반으로 평등권(제11조), 신체의 자유(제12조), 법률에 의해서 정해진 범죄에 한해서 처벌된다는 죄형법정주의(제13조), 거주이전의 자유(제14조), 직업선택의 자유(제15조), 주거의 자유(제16조), 사생활의 비밀과 자유를 침해받지 않을 권리(제17조), 통신의 비밀을 침해받지 않을 권리(제18조), 양심의 자유(제19조), 종교의 자유(제20조), 언론출판의 자유와 집회결사의 자유(제21조), 학문과 예술의 자유(제22조), 재산권(제23조), 선거권(제24조), 공무담임권(제25조), 청원권(제26조), 법률에 의한 재판권(제27조), 보상청구권(제28조), 교육권(제31조), 근로권(제32조) 등을 갖는다. 근로자의 경우는 특별히 자주적인 단결권·단체교섭권 및 단체행동권(제33조)을 보장받는다. 이 외에도 인간다운 생활권(제34조), 환경권(제35조), 양성평등권(제36조)을 갖는다.

헌법에 명시된 다양한 국민의 권리 중 특히 국민주권이 민주주의의 제1원리와 관계되어 있는 것이 양심의 자유(제19조)이고, 또 양심의 자유의 구체적인 표현인 언론출판의 자유와 집회결사의 자유(제21조)이다.

양심의 자유는 국민주권이라는 원리에 이어 민주주의 정치의 두 번째 근본 원리이다.

양심의 자유와 양심의 자유에 기초한 언론출판의 자유는 인류 역사의 오랜 희생 속에서 현재와 같이 정립되었다. 국민주권이라는 민주주의의 제1원리가 수많은 민중들의 피의 투쟁 속에서 정립되었다면 양심의 자유와 언론출판의 자유는 선각적 지식인들의 희생이 있었다.

언론출판의 자유는 양심의 자유에 기반하고 있으면서, 자신의 양심을 외부로 표현할 수 있는 권리를 의미하기 때문에 오히려 양심의 자유라는 약간은 추상적인 자유보다는 보다 구체적인 언론출판의 자유가 더 정치적 쟁점이 되는 경우가 많다.

인간은 생각하였기 때문에 발전해왔다. 그리고 여기서 생각은 대부분 다른 사람의 생각과 연결되어 있다. 서로의 생각을 말하고 주고받고 내 생각을 고치고 그러면서 인류는 진보해 온 것이다. 과학에서 갈릴레이의 지동설이 그런 생각의 하나였다.

민주주의의 제1 원리인 국민주권 사상은 어느 날 갑자기 우리에게 생긴 것이 아니다. 수많은 사람들의 행동과 사유가 있었고, 그 행동과 사유가 사람들에게 언론출판이라는 행위를 통해 공유되었기 때문에 형성될 수 있었다. 이런 점에서 양심의 자유는 언론출판의 자유가 뒷받침해주지 않으면 아무런 사회적 정치적 의미가 없다.

언론출판의 자유야말로 국민주권을 현실로 만드는 무기이다. 이 때문에 권력을 가진 자들이 가장 먼저 억압하고 억누르려 한 것이 바로 언론출판의 자유였다.

박정희가 유신 쿠데타를 일으킨 후 가장 먼저 한 것, 전두환이 계엄령을 선포하면서 제일 먼저 한 일이 바로 정치적 반대자들을 체포한 것과 함께 언론출판의 자유를 억누른 것이다. 박근혜 대통령은 노골적으로 언론출판의 자유를 억압할 수 없는 환경이었기 때문에 은밀하게 블랙리스트와 화이트리스트를 만들어 돈을 무기 삼아 양심의 자유, 언론출판의 자유를 억압하였다. 노골적인 탄압인가 은밀한 통제인가의 차이는 있을지 몰라도 두 경우 모두 민주주의의 근본 원리 중 하나인 양심의 자유와 언론출판집회결사의 자유를 탄압하는 행위였다.

국가보안법과
국가정보원

언론출판은 타인의 명예나 권리 또는 공중도덕이나 사회윤리를 침해하여서는 아니 된다. 우리나라 헌법 제21조 4항의 내용이다. 헌법은 언론출판의 자유가 제약되는 유일한 경우로 바로 이 조항만을 두고 있다. 그런데 타인의 명예나 권리 또는 공중도덕이나 사회윤리와 관계없이 언론출판의 자유가 억압되는 경우가 있다. 바로 국가보안법이다.

우리나라의 국가보안법은 태어날 당시부터 심각한 위헌 소지를 안고 태어났다. 1948년 여순반란사건이 발생한 것을 계기로 이승만 정부는 일제 강점기 독립운동을 탄압하던 목적으로 만들어졌던 치안유지법과 유사한 형태의 국가보안법 제정을 추진한다. 국가보안법의 제정은 국회에서 세 차례에 걸쳐 폐기 동의안이 제출될 정도로 반대가 심하였다. 오늘날 대표적인 우익 언론으로 알려진 조선일보에서조차 극력 국가보안법의 제정을 반대하였으니, 1948년 11월 14일자 사설에서 조선일보는 아래와 같이 주장하였다.

> 대한민국의 전도를 위해서나 우리 국민의 정치적 사상적 교양과 그 자주적 훈련을 위하여 크게 우려할 악법이 될 것을 국회 제공에게 경고코자 한다. (중략) 국제 정세가 미묘한 가운데 민족과 국가의 운명을 염려하는 정치론도 다기(多岐)할 수 있는 이 정세에서 국가보안법의 내용은 무서운 결과를 가져올 것이다.

당시는 남과 북이 분단된 상황에서 각자 별도의 선거를 통해 정부를 구성하던 상황이었고, 각자가 한반도의 유일 합법정부로서의 정통성을 주장하던 시기였다. 언론출판집회결사의 자유도 수시로 내려지는 계엄 속에서 제대로 지켜지기가 어려웠고, 국가보안법은 1948년 12월 1일 시행되기 시작하였다. 최초의 국가보안법은 지금의 국가보안법에 비해 매우 구조가 단순하였고, 내용 역시 직접적으로 언론출판의 자유를 제약하는 내용보다는 변란 목적 또는 파괴 목적의 결사나 조직 또는 그런 행위를 한 집단에 대한 처벌로만 한정되어 있었다. 아래는 당시 제정된 최초의 국가보안법 전체 내용이다.

제1조 국헌을 위배하여 정부를 참칭하거나 그에 부수하여 국가를 변란할 목적으로 결사 또는 집단을 구성한 자는 아래에 의하여 처벌한다.

1. 수괴와 간부는 무기, 3년 이상의 징역 또는 금고에 처한다.
2. 지도적 임무에 종사한 자는 1년 이상 10년 이하의 징역 또는 금고에 처한다.
3. 그 정을 알고, 결사 또는 집단에 가입한 자는 3년 이하의 징역에 처한다.

제2조 살인, 방화 또는 운수, 통신기관건조물 기타 중요시설의 파괴 등의 범죄행위를 목적으로 하는 결사나 집단을 조직한 자나 그 간부의 직에 있는 자는 10년 이하의 징역에 처하고 그에 가입한 자는 3년 이하의 징역에 처한다. 범죄행위를 목적으로 하는 결사나 집단이 아니라도 그 간부의 지령 또는 승인 하에 집단적 행동으로 살인, 방화, 파괴 등의 범죄행위를 감행한 때에는 대통령은 그 결사나 집단의 해산을 명한다.

제3조 전2조의 목적 또는 그 결사, 집단의 지령으로서 그 목적한 사항의 실행을 협의선동 또는 선전을 한 자는 10년 이하의 징역에 처한다.

제4조 본법의 죄를 범하게 하거나 그 정을 알고 총포, 탄약, 도

검 또는 금품을 공급, 약속 기타의 방법으로 자진방조한 자는 7년 이하의 징역에 처한다.

제5조 본법의 죄를 범한 자가 자수를 한 때에는 그 형을 경감 또는 면제할 수 있다.

제6조 타인을 모함할 목적으로 본법에 규정한 범죄에 관하여 허위의 고발 위증 또는 직권을 남용하여 범죄사실을 날조한 자는 해당내용에 해당한 범죄규정으로 처벌한다.

국가보안법은 만들어질 당시부터 일반 형법에 포함되어야 할 내용을 특별법으로 제정함으로써 법률 체계에 맞지 않다는 점과 민주주의의 원리에 위배될 소지가 있다는 비판을 받았다. 1953년에 우리나라 형법 제정에 참여하였던 초대 대법원장 김병로는 "국가보안법 주요 내용 대부분이 새 형법에 담겼으므로 국가보안법은 폐지해도 된다"며 국회에 권고하기도 하였다.

이때의 국가보안법에 의해 처벌된 대표적인 사례가 1958년 진보당 당수이자 3대 대선에서 대통령 이승만과 대결하였던 야당 정치인 조봉암이었다. 원래 당시의 우리 헌법에 따르면 이승만은 3대 대선에 출마할 수 없었다. 이승만이 세 번째 대통령 선거에 출마하게 된

과정에는 노골적인 헌법유린이 있었다.

　권력을 동원해 3선에 성공한 이승만은 더 이상 거칠 것이 없었다. 무소불위의 권력자 이승만의 칼날은 선거에서 자신과 맞서 위협하였던 진보당의 조봉암으로 향하였다. 진보당과 조봉암에 대한 칼날은 결국 1958년 1월 12일 진보당 관련자들에 대한 일제검거와 1958년 2월 25일 오재경 공보실장에 의한 진보당 등록 취소로 이어졌다. 진보당의 등록 취소 이유로는 국법과 유엔 결의에 위반되는 평화 통일을 주장하였고, 진보당 간부들이 밀파간첩을 접선하였으며, 진보당 내부에 공산당의 비밀당원이 있어 이들을 국회의원으로 당선시켜 대한민국을 파괴하려고 했다는 것이다.

　7월 2일 조봉암을 비롯한 진보당 간부들에 대한 1심 판결이 내려진다. 검사 측의 사형 구형에도 불구하고 1심의 유병진 판사는 조봉암에게는 불법 무기 소지 등을 이유로 5년형을 선고하고, 조봉암에게 선거자금을 제공했던 양명산에게는 국가보안법 위반 혐의로 5년을 선고한다. 나머지 진보당 간부들한테는 무죄를 선고했다. 서슬퍼런 공안 당국의 구형을 비교해보면 조봉암과 진보당에 대해 사실상 무죄를 선고한 셈이었다.

　판결이 있은 3일 후인 7월 5일 이른바 자신들을 '반공청년'이라고 주장하는 정치깡패들이 법원에 난입하는 사건이 일어난다. 이들은 "친공 판사 유병진을 타도하자", "조봉암을 간첩죄로 처형하라"라고 외쳤다. 집권당인 자유당은 '친공판사규탄대책위원회'를 구성하고

산하 단체들을 동원하여 사법부를 위협했다.

2심에서 대법원까지의 진행은 집권 세력의 강력한 개입 속에서 진행되었고, 결국 1959년 7월 29일 양명산이, 이틀 뒤인 7월 31일 조봉암이 형장의 이슬로 사라졌다.

국가보안법은 1958년 12월 24일 크게 개악된다. 본격적으로 국가보안법에 의해 언론출판의 자유가 탄압되는 단초를 연 것이다. 이때 개악된 국가보안법으로 우선 죄와 형이 크게 추가되었다. 가장 근본적인 문제점은 제17조(약속, 협의, 선동, 선전 등)의 5항의 '공연히 허위의 사실을 허위인 줄 알면서 적시 또는 유포하거나 사실을 고의로 왜곡하여 적시 또는 유포함으로써 인심을 혹란케 하여 적을 이롭게 한 자는 5년 이하의 징역에 처한다'는 조항이었다.

이 조항으로 인해 국가보안법에 대해서 그 적용 대상이 진보세력에 국한되는 것으로 판단하고 잠잠하던 언론들이 벌떼같이 들고 일어났다. 언론이 강하게 반대하면서 야당 역시 극렬 반대하였다. 특히 개정된 국가보안법은 죄형법정주의나 무죄추정의 원칙과 같은 근대적 사법원리까지도 침해하는 조항들이 다수 포함되어 있었다. 제36조에서는 일반 형사범과 달리 국가보안법에 따른 피의자는 구속기간을 특례적으로 연장하도록 하였고, 제37조에 일반 형사소송에서 사법경찰관의 조서를 증거로 채택할 수 없도록 되어 있는 것을 정면으로 뒤집어 국가보안법에 한정하여 증거 채택이 가능하게 하도록 하였다.

언론과 야당의 극렬한 반대와 학생 시민들의 국보법 폐지 시위에도 불구하고 결국 국가보안법은 개정되었다. 국가보안법 개정안이 통과되던 12월 24일 의사당에는 3백여 명의 경위들이 들어와 야당 의원들을 끌어내었고, 결국 집권 여당의원들로만 이 법안개정이 통과된다. 전 대법원장 김병로는 "악법도 법이라고 하는 것은 적법 절차에 따라 제정된 법을 가리키는데, 야당 의원들을 농성 참가 여부도 묻지 않고 무더기로 납치해 감금해놓고 여당 의원만으로 통과시킨 것은 법 효력이 없다"라고 국가보안법의 정당성을 부정하였다.

이 법이 통과된 후 결국 이 법률과 관련 1959년 4월 30일 경향신문이 폐간되었다. 경향신문은 이듬 해인 4.19 혁명으로 이승만이 하야한 지 4시간 뒤에야 복간이 가능해졌다.

박정희가 5.16 쿠데타로 권력을 장악하고 통치 기구로 중앙정보부를 창설하면서 국가보안법은 전면적이고 대대적으로 민주주의 탄압의 도구로 사용되기 시작한다. 이승만 시절까지만 해도 국가보안법은 일반적인 형법과 동일하게 수사는 검찰의 지휘 하에 경찰이 수행하고, 기소는 검찰이 담당하였다. 중앙정보부가 창설되면서 형법상의 내란의 죄, 외환의 죄, 군형법상 반란의 죄, 암호 부정사용의 죄, 군사기밀보호법의 죄, 국가보안법의 죄 등은 중앙정보부가 직접 수사하도록 바뀌었다. 이렇게 바뀌면서 중앙정보부가 있던 남산은 박정희 시절 반정부 인사와 야당 정치인, 민주주의를 위해 싸우는 대학생과 재야인사, 언론인들, 심지어는 권력의 입맛대로 행동하지 않는 집권당의 국회의원들이나 고위직 공무원까지 끌려가 갖은 고문 속에서 없는 죄를 불어야 하는 공포의 대명사가 되었다.

국가보안법으로 얼마나 많은 억울한 희생자들이 만들어졌는가는 이미 대한민국의 경찰청, 국정원, 사법부 등에서 과거사 진상조사 및 각종 재심판결 등을 통해 확인되었다. 김대중 노무현 정부 때 대부분 과거의 국가보안법 사건들이 고문과 강제에 의해 조작된 증거로 만들어진 사건들로 재심 판결을 통해 무죄가 내려졌으며, 그에 따른 막대한 보상금이 피해자들에게 지급되었다. 죄는 권력자들이 저질렀는데 보상금은 국민들의 세금으로 나가야 하니, 국민들이 무슨 죄가 있어서 이렇게 2중 3중으로 고초를 겪어야 하는지 참으로 한심스럽다.

그리고 이 규정은 현행 국가정보원까지 그대로 유지되고 있으니, 국가정보원법 제3조 3항은 '형법 중 내란의 죄, 외환의 죄, 군형법 중 반란의 죄, 암호 부정사용의 죄, 군사기밀 보호법에 규정된 죄, 국가보안법에 규정된 죄에 대한 수사'는 국정원이 담당하도록 되어 있다. 이 법에 근거하여 지금까지도 국정원은 공안 사건 수사를 빌미로 야당 인사나 반정부 인사를 사찰하고, 수시로 공안 사건 등을 이용해 여론을 조작하는 반헌법적 반민주적 범죄 행위를 계속하고 있다. 국가정보원은 온갖 궂은 일을 도맡아 해야 하는 기관으로 치열한 국제

경쟁 속에서 국가를 지키고 국민의 안전을 수호하는 역할을 담당한다. 당연히 국민들로부터 가장 사랑받고 신뢰받는 기관이어야 함에도 현실은 그 반대이니 이는 바로 권력자들의 권력욕으로부터 비롯된 국가보안법과 같은 악법 때문이라고 할 수 있다.

유신정권 시절에는 국가보안법을 '막걸리보안법'이라는 우스꽝스러운 이름으로 부르기도 하며 사람들 사이에서 웃음꺼리였다. 술자리에서 박정희나 정부 혹은 미국을 비판하거나 사소하게라도 북한에 이로운 발언을 하면 수사 대상이 되어 갖은 고초를 겪었던 현실 때문이었다. 민주화가 되었고, 국정원도 쇄신되었다는 지금은 그렇다면 달라졌는가 하면 그렇지도 않다. 서울시 유오성 공무원 간첩조작 사건 등에서 극명하게 드러난다.

국가보안법 관련 사건들의 통계를 보면 이 법은 현재 그야말로 경범죄 수준에 불과한 것들을 다루고 있는 한심한 수준이라는 것을 알 수 있다. 2009년 기소자 수는 57명이었고, 이 중 목적수행 2건, 간첩 2건, 잠입탈출 8건, 찬양고무 23건, 이적단체의 구성 등은 21건이었다. 2013년에는 총 129건으로 이 중 목적수행 2건, 간첩 3건, 자진지원 및 금품수수 4건, 잠입탈출 15건, 찬양고무 102건, 회합통신 3건이었다.

잠입탈출 중에는 북한이 좋다고 북한으로 넘어갔다가 북한 당국으로부터 쫓겨난 사건도 포함된다. 간첩사건 중에는 여러 건이 조작이거나 증거불충분인 경우가 있다.

2013년의 국가보안법 사건 중 찬양고무 102건은 대부분 인터넷에 쓴 글을 대상으로 한 것이었다. 국가정보원이라는 예산 규모도 추정하기 힘들고 인력도 잘 알기 힘든 방대한 조직에서, 나름 엘리트 직원들이 하는 짓이라는 것이 인터넷 게시판 등의 글을 모니터링하다가 조금 반정부적이거나 친북적인 글을 찾아 그 글 쓴 사람을 압수수색하고 그 집에서 북한 관련 책이나 공산주의 관련 서적이 나오면 찬양고무죄로 재판을 하는 것이다. 얼마나 웃기는 일인가? 국가 예산과 정예인력을 그런 곳에 써야 할 이유가 있는가? 국가보안법 중 다수가 불구속 상태에서 재판을 받는다. 국가를 위협한 범죄자들을 불구속하여 재판하는 것이 이해가 가는가? 그만큼 국가보안법이 시대에 뒤떨어지고 현실에 맞지 않는 법이라는 의미이다.

필자 역시 국가보안법으로 경기도경 보안분실에서 조사를 받은 적이 있었다. 2012년 어느 날 필자의 집 벨이 울렸고 남자 둘이 방문하였다. 무슨 일이냐고 물으니 경기도경에서 나왔다고 하면서 무슨 일인지 알겠느냐? 라고 물었다. 순간 멈칫하고 생각해보았지만, 무슨 일인지 도무지 생각나지 않았다. 과거 사업을 할 때 못 갚았던 돈 때문인가 싶기도 하였고, 심지어는 PC에 다운받았던 음란동영상이 문제인가 하는 생각도 들었다. 방문한 경찰관이 국가보안법 위반 사건으로 압수수색 영장을 발부받았다고 하였고, 너무나 터무니없었지만 일단 영장을 확인하고 들어오라고 했다. 조금 있다가 약 10여 명이 몰려왔다. 컴퓨터를 복사하고, 집에 있던 스마트폰들을 복제하였다. 이것저것 책들도 뒤졌다. 창문 바깥을 내다보니 여경들을 포함해서 5명 정도가 더 대기하고 있었고, 차량도 3대나 왔다.

겁도 나긴 했지만 그 때 들었던 생각은 이 무슨 한심한 일인가? 내 죄는 스스로 아는데, 내가 한 일이라곤 통합진보당 경선부정 사건 관련 사상의 자유를 논한 것, 북한의 핵 시험과 미사일 발사와 관련하여 북한의 입장과 처지에서 생각해보자는 주장, 중국을 통해 북한을 압박하려는 정부 정책에 대해서 북한 노동당과 중국 공산당 사이의 오랜 역사와 북한과 중국 간의 양국 관계를 볼 때 결코 중국을 압박하여 북한을 붕괴시키는 것은 불가능하다는 주장 등을 내 개인 페이스북에 쓴 것뿐이었다.

물론 그 외에 인터넷 자료로 북한에서 발행한 출판물들도 다수 있었다. 그 당시 나는 북한 핵 문제를 둘러싼 한반도의 미래에 대한 책을 집필하고 있었다. 그 책의 집필 목적으로 북한 측 자료들을 구하였던 것이다. 결국 책은 나오지 못했고, 2번에 걸쳐 경기도경 보안분실에서 조사를 받았다.

현재는 검찰에 넘어간 상태인데, 아직도 그 사건이 어떻게 되었는지 모른다. 나와 비슷한 경험을 가진 지인의 말에 따르면 검찰은 그 자료를 가지고 있다가 필요할 때 기소한다고 하면서 아직은 끝난 것이 아니라고 나에게 조언을 해 주었다. 책도 내지 못하고, 그 뒤로 인터넷에 글도 자주 쓰지 않는다. 이 무슨 우스꽝스러운 일인가? 내 자신의 처지도 한심스러웠지만, 인터넷에 몇 가지 주장을 편 것을 추적하기 위해 막대한 국가 예산과 인력이 이렇게 낭비되는 우리 현실이 너무 안타까웠다. 조사하던 경찰들에게 이런 내 심정을 토로했지만, 자신들은 직업이고 먹고살려면 국가보안법 사건이 계속 있어야 한다고 농담처럼 말하였다. 농담인 듯 보였지만 사실 국가보안법이 유지되는 핵심 이유는 바로 이들의 직업유지 때문이라는 것이 정확해 보였다.

헌법의 영토 규정과
국가보안법상 반국가단체

우리 헌법 제3조는 영토 규정으로 그 내용은 '대한민국의 영토는 한반도와 그 부속도서로 한다'고 되어 있다. 헌법의 이 규정으로 인해 자동으로 북한은 대한민국 헌법에 근거하여 한반도의 북쪽 지역을 불법적으로 점유하고 있는 반국가단체가 된다.

해방 후 남과 북에 각각 별도의 정권이 수립될 당시 남과 북은 각각 자신들의 정통성 주장을 위해 상대를 부정하였다. 당시 북한의 헌법에는 우리처럼 영토조항은 없었으나, 헌법 제108조를 통해 '조선민주주의인민공화국의 수부(수도)는 서울시이다'라고 규정하여 남한에 세워진 대한민국 정부를 간접적으로 부정하였다. 우리가 그토록 멸시하고 하찮게 여기는 북한조차 이런 시대에 뒤떨어지고 낡은 조항은 이미 오래 전에 폐기하였다. 북한은 사회주의 헌법(1972년) 개정을 통해 수도에 관한 조항을 평양으로 바꾼 지 오래이다.

참으로 말도 안 되는 조항으로 하루라도 빨리 폐지되어야 할 조항이다. 국제적으로는 남한과 북한은 1991년 유엔동시가입으로 별도의 국가로 인정되고 있다. 아마도 대한민국 국민 다수는 북한이 하나의 엄연한 국가임을 부정할 사람은 많지 않을 것이다.

해방 직후 국제 역학 관계에 의해 한반도가 위도 38도를 경계로 남과 북으로 나눠지고, 결국 남한과 북한에 각각 별개의 정부가 수립된 것은 우리 민족에게는 참으로 불행한 일이었다. 그리고 1950년의 한국전쟁은 이 분단으로부터 비롯된 것으로 분단을 고착화하고 남과 북 사이에 극단적 증오와 대립을 심어놓은 불행의 씨앗이었다. 그 때문에 대한민국 국민들이 북한을 하나의 국가로 인정하거나 존중하지 않으려는 심정은 이해가 가지만, 이제는 좀 더 현실적으로 사고할 필요가 있다.

헌법 제3조는 현실을 반영하지 않고 있는 조항이다. 통일이라는 미래를 지향하는 내용이라고 좋은 뜻으로 해석한다고 하더라도 통일에 관해서는 헌법 제4조 '대한민국은 통일을 지향하며, 자유민주적 기본질서에 입각한 평화적 통일 정책을 수립하고 이를 추진한다'에 명시되어 있다.

헌법 제3조로 인해 국가보안법상 반국가단체로 북한이 당연히 포함되게 되었고, 그로 인해 우리나라 사람은 일체 북한을 여행하거나 북한 사람을 만나거나 북한의 출판방송물을 접하는 것이 금지되어 있다. 북한을 폐쇄국가라고 비난하지만 정작 북한에 대해서 극도로 폐쇄적인 태도를 취하는 것은 오히려 우리 대한민국이다.

북한의 핵문제, 남북분단으로 인한 군사적 대치 문제 등은 우리 대한민국 안보에서 매우 중요한 문제이다. 이와 함께 북한 입장에서는 한미동맹이나 한미군사훈련의 문제, 미국 핵의 한반도 전개 문제 등이 자신들의 안보를 심각하게 위협하는 요인일 것이다.

문제를 해결하기 위해서는, 더욱이 그 문제가 나만의 것이 아닌 다른 당사자가 존재할 때는 매우 객관적이고 현실적이며 상대의 입장과 처지도 고려해야 진정한 문제 해결이 가능해진다. 한반도가 통일로 갈지, 혹은 우리 국민들 속에서도 일부 나오듯이 영구적으로 분단된 상태에서 서로가 서로를 인정하고 별개의 국가로 평화를 유지할지는 다른 문제이다. 혹은 극단적으로 전쟁을 결심할 수도 있다. 그러나 어떤 방안이 되었든 현실에 눈감고 현실을 반영하지 않은 것을 토대로 북한을 하나의 정상적 국가로 인정하는 것을 극력 피하고, 그에 근거하여 사상과 언론출판, 집회결사 등의 자유를 탄압하고 민주주의를 가로막는 악법을 유지하는 것은 어리석은 일이다.

간첩죄는
강화되어야 한다

우리나라의 간첩죄도 희한하다. 냉엄한 국제현실 속에서 어느 나라나 타국을 위한 간첩행위를 엄격하게 처벌하는 것은 너무나 당연하다. 이 때문에 각국은 형법 조항에 간첩죄 조항을 두고 있다.

미국은 연방형법 제749조에서 '외국정부를 이롭게 하기 위한 국방정보의 수집 또는 제공', 953조에서 '합중국의 조치를 좌절시킬 목적으로 외국정부나 외국정부의 공무원 또는 대리인과 직접 또는 간접으로 연락 또는 접촉을 개시 또는 수행하는 행위'에 대한 처벌 규정을 두고 있다. 이 조항에 따라 로버트 김 사건이 발생하였다.

1995년 미국 해군은 C4I(컴퓨터 지휘통제통신정보 시스템) 관련 장비를 대한민국에 팔려고 하였다. 미국 시민권자였던 로버트 김(한국 이름 김채곤)은 당시 미국 해군정보국 컴퓨터 분석관으로 일하고 있었는데, 미국 주재 대한민국 대사관 해군 무관 백동일(전 해군대령)을 만나 이 시스템에 대해 심사숙고할 것을 조언하고, 이후 백동일에게 39건의 정보를 우편으로 보낸다.

이 일로 인해 로버트 김은 FBI에 연방형법 제749조와 제953조 위반 혐의로 체포된다. 이후 미국 알렉산드리아 연방법원에서 재판을 받고 징역 9년에 3년의 보호감찰 선고를 받고 알렌우드에 위치한 연방교도소에 수감되었다. 로버트 김은 우리나라 여론에서도 관심을 받았고, 한국 의회에서도 논의된 바가 있었지만 정작 정부에서는 "로버트 김이 미국 시민권자라서 미국 정부에 공식적으로 문제 제기하는 것은 어렵다"라며 회피하였다. 로버트 김이 수감생활을 하던 중인 1999년 11월 9일 대한민국 대통령 김영삼은 워싱턴 포스트와의 기자회견을 통해 "이 사건은 개인의 문제로 우리와는 전혀 관계도 없고 관심도 없다"라고 답하였다.

결국 로버트 김은 형기를 마치고(15% 감형), 2005년 10월 3일부로 보호관찰까지 최종 종료된다. 2005년 11월 6일 대한민국을 일시 방문한 로버트 김은 언론 인터뷰에서 "미 정보기관은 영국, 호주, 캐나다, 뉴질랜드를 제외한 그 어떤 나라도 완전한 우방이라고 생각하지 않는다", "정보 공유 체제에서 밀려나 있는 한국의 상황이 안타까워 정보를 제공하게 됐다"라고 밝혔다.

개인적으로 로버트 김의 처지가 안타깝게 느껴지지만 미국이라는 국가가 자신들을 지키기 위해 연방형법을 통해 간첩죄를 규정하고 이를 엄하게 처벌하는 것은 당연하다고 생각한다.

문제는 우리나라 형법상의 간첩죄에 있다. 형법 제98조에는 간첩죄가 규정되어 있는데 '①적국을 위하여 간첩하거나 적국의 간첩을 방조한 자는 사형, 무기 또는 7년 이상의 징역에 처한다. ②군사상의 기밀을 적국에 누설한 자도 전항의 형과 같다'라고 되어 있다.

뭔가 이상하지 않은가? 적국이라는 표현이 나오는데, 적국은 어디인가? 과거 한국전쟁 상황이라면 적국은 명확하였다. 분단된 상황에서 북한이 적국이라는 것도 이해가 간다. 그런데 중국과 러시아는 적국일까, 적국이 아닐까? 그렇다면 일본은? 혹은 미국은? 일본이나 미국은 현재 대한민국의 입장에서 볼 때 적국은 아닌 듯하다. 그렇다면 일본이나 미국을 위해 간첩행위를 하는 것은 형법상 간첩죄가 아닌가? 하는 의문이다.

미국 외에도 당연히 세계 각국은 간첩죄에 대한 처벌 규정을 명문화하고 있다. 독일은 형법 제94조를 통해 '국가기밀을 외국이나 권한 없는 자에게 전달 공표하여 국가안전에 중대한 위험을 야기하는 간첩행위'를 처벌하도록 되어 있고, 프랑스는 형법 제411-6조를 통해 '외국정부, 외국에 속하거나 외국의 지배하에 있는 기업이나 조직 또는 요원에게 정보, 기법, 물품, 정보처리데이터 또는 파일의 인도 취득 원조'를 처벌하도록 정하고 있다. 민주주의의 모범적 사례로 널리 알려진 영세중립국 스위스조차 형법 제273조에 '외국 및 외국의 기관, 사기업을 위한 제조비밀, 영업비밀의 정탐, 누설행위 등 경제적 첩보활동'에 대한 처벌규정을 두고 있다.

대한민국이 간첩죄를 적국에 한정한 결과 우리 현실은 어떠한가? 대한민국의 어떤 정치인이든 아마도 미국 대사관에서 호출하여 관심 있는 정보를 물으면 대답하지 않을 사람은 그다지 많지 않을 것이다. 정치인은 미국 대사관 호출을 영광으로 알 것이고, 어떻게든 끈을 대려고 없는 정보라도 조사해서 갖다 바치고도 남을 사람들이 수두룩하다.

내란은 선동되지 않는다
– 명백하고 현존하는 위험의 원칙

2013년 8월 28일 오전 6시 30분 국정원과 수원지방검찰청 공안부는 합동으로 통합진보당 이석기 의원의 사무실과 자택을 포함한 10여 곳에 대한 대대적인 압수수색을 벌인다. 압수수색영장은 형법상 내란예비음모 및 국가보안법 위반 혐의로 발부되었다.

국정원에서는 2010년부터 이석기 및 주변 인물들을 내란 예비음모, 국가보안법상 고무찬양 등의 혐의로 내사를 벌이고 있었으며, 사전에 통신감청허가를 받아 주변 인물들의 회동을 비밀감청하면서 수년간 증거를 수집해왔다고 밝혔다. 이석기 등에 대한 내사는 통합진보당 당원이면서 민주노동당 수원시원장 출신으로 2008년 총선에 출마한 경력도 있는 사람이 국정원에 협력하면서 진행되었다.

이석기는 당시 국회의원 신분으로 국회의 동의 없이는 체포될 수 없었다. 9월 4일 법무부에서 이석기 의원에 대한 체포 동의안을 제출하였고, 국회에서 동의안이 통과되어 이석기는 9월 5일 구속 수감되었다.

언론에서는 연일 이석기와 경기동부연합 조직원들에 대한 뉴스가 대대적으로 보도되었다. 통신시설과 유류시설 파괴 등을 모의하였고, 이석기가 우두머리인 혁명조직 RO(Revolution Organization)가 비밀리에 만들어져 대한민국을 파괴하려는 계획을 세웠다는 것이었다. 심지어는 요인암살 계획도 있었다는 보도도 있었다.

9월 26일 이석기 의원과 홍순석 통합진보당 경기도당 부위원장, 이상호 경기진보연대 고문, 한동근 통합진보당 전 수원시 위원장 등 관련자들이 기소되었다. 내란음모 및 선동, 국가보안법상 찬양 고무 혐의였다.

다음 해인 2014년 2월 17일 1심 재판부는 이석기에게 내란 음모·내란 선동·국가보안법 위반 혐의를 대부분 유죄로 인정하고, 징역 12년에 자격정지 10년을 선고했다. 그러나 같은 해 8월 11일 2심 항소심에서는 지하혁명조직 RO의 실체는 인정되지 않고, 합의에 이르렀다는 증거가 부족하여 내란 음모 혐의는 인정되지 않는다며, 내란 선동혐의만 인정하였다. 내란선동의 죄목으로 이석기는 징역 9년에 자격정지 7년을 선고받았다. 2015년 1월 22일 대법원은 최종적으로 이석기에 대해 내란음모 혐의는 무죄, 내란선동 혐의는 인정해 징역 9년을 확정했다.

이석기에게 징역 9년을 살게 한 내란선동이란 죄는 과연 무엇일까? 우리 형법은 제2편 각칙을 통해 구체적으로 범죄를 명시하고 있는데, 그 중 가장 처음에 오는 것이 바로 내란죄이다. 내란죄는 형법 제87조에 정해져 있다. 그 내용은 다음과 같다.

제87조(내란) 국토를 참절하거나 국헌을 문란할 목적으로 폭동한 자는 다음의 구별에 의하여 처단한다.
1. 수괴는 사형, 무기징역 또는 무기금고에 처한다.
2. 모의에 참여하거나 지휘하거나 기타 중요한 임무에 종사한 자는 사형, 무기 또는 5년 이상의 징역이나 금고에 처한다. 살상, 파괴 또는 약탈의 행위를 실행한 자도 같다.
3. 부화수행하거나 단순히 폭동에만 관여한 자는 5년 이하의 징역 또는 금고에 처한다.

박근혜 대통령의 탄핵을 둘러싸고 탄핵찬성 촛불시위와 탄핵반대 태극기시위가 벌어지는 와중에 서로가 서로를 겨냥한 내란선동죄 고발전이 이어졌다. 자유통일해방군 창설준비위원장이라는 직함을 사용한 최대집이라는 사람은 문재인, 박지원, 김수남 검찰총장, 조선일보 방상훈 사장, JTBC 손석희 보도부문 사장, 박영수 특검, 이병호 국정원장, 이영렬 서울중앙지검장, 홍석현 중앙일보 회장 등을 내란선동죄 혐의로 대검에 고발하였다. 이 사람은 "박근혜 대통령 탄핵은 내란에 준하는 사태이며 그 주역들은 내란선동, 여적, 직권남용 등의 죄를 범했다"고 주장하고 상세한 고발 내용을 2017년 2월 24일 문화일보에 의견광고 형태로 게재했다.

반대로 조선의열단 기념사업회와 이명박근혜 심판 범국민행동본부 등 6개 단체는 2017년 1월 25일 '대통령탄핵기각을 위한 국민총궐기운동본부 및 계엄령선포촉구범국민연합(약칭 탄기국)'이라는 단체와 신원불상의 정한영이라는 사람에 대해 내란선동죄 혐의로 서울중앙지검에 고발장을 접수하였다. 내란선동죄로 고발하게 된 배경은 정한영이라는 사람이 탄기국이 주최한 집회에서 "만약에 탄핵이 인용되면 그때는 폭동이 일어날 것이고, 우리가 혁명 주체세력이 될 것입니다"라는 발언을 하였다는 것이다. 또 이들 집회 참석자들이 '계엄령 선포 촉구'를 공공연히 주장하였고, "빨갱이들은 걸리는 대로 다 죽여야 한다"고 선동하였다는 항목도 고발 내용에 포함되어 있었다.

나는 이 두 사건 모두 희극적으로만 보여진다. 본질적으로 내란이란 선동으로 일어날 수 있는 성격이 아니고, 내란선동죄란 그 자체는 근대 민주주의의 발전 과정에서 한참 전에 없어졌어야 하고, 대부분의 민주주의 국가에서는 이미 폐지를 한 조항이기 때문이다. 이석기 사건도 동일하다.

이석기와 그 사건 관련자를 처벌한 죄가 바로 내란선동죄였다. 내란선동죄는 우리 형법 제90조(예비, 음모, 선동, 선전)에 다음과 같이 정해져 있다.

①제87조 또는 제88조의 죄를 범할 목적으로 예비 또는 음모한 자는 3년 이상의 유기징역이나 유기금고에 처한다. 단, 그 목적한 죄의 실행에 이르기 전에 자수한 때에는 그 형을 감경 또는 면제한다.

②제87조 또는 제88조의 죄를 범할 것을 선동 또는 선전한 자도 전항의 형과 같다.

이석기 사건 관련 주의 깊게 보아야 하는 점이 대법원이 최종 판결을 통해 내란음모와 내란조직 RO 관련해서는 혐의 없음으로 결론을 내렸다는 것이다. 즉 이석기 등은 내란을 구체적으로 계획하지도 않았고, 내란을 실행으로 옮길 수 있는 조직체도 만든 적이 없다는 것이다. 내란음모와 내란을 실행에 옮길 조직이 없는 상태에서 내란선동이 과연 가능할까?

내가 갖는 의문은 형법 제90조의 선동 또는 선전은 말이나 글을 이용하여 다른 사람을 설득하는 행위라는 점이다. 직접적으로 누군가에게 위해를 가하거나, 폭력을 사용하여 기물을 파괴하는 행위가 아니라는 것이다. 즉 선동선전은 언론출판과 관련되어 있고, 언론출판의 자유는 대체로 폭넓게 허용되어야 하고, 언론출판의 자유를 제약하는 요건은 매우 엄격하게 정의되어야 한다는 것이다.

우리 법률에 의하면 언론출판의 자유가 제약되는 경우는 크게 3가지다.

첫 번째는 형법상의 모욕죄나 명예훼손죄의 경우이다.《제국의 위안부》라는 출판물 관련 재판을 받은 박유하 교수가 대표적인 사례이다. 박유하 교수는 출판물에 의한 명예훼손죄로 기소되었다. 형법 309조에 해당하는 경우로써 사람을 비방할 목적으로 신문·잡지 또는 라디오, 기타 출판물에 의하여 사람의 명예를 훼손함으로써 성립하는데, 진실한 사실을 적시한 경우에는 3년 이하의 징역이나 금고 또는 700만 원 이하의 벌금, 허위의 사실을 적시한 경우에는 7년 이하의 징역이나 10년 이하의 자격정지 또는 1500만 원 이하의 벌금에 처하도록 되어 있다.

명예훼손죄는 반의사불벌죄로 피해자의 고소가 있을 경우에만 처벌이 가능하며 사실 여부와 관계없이 명예를 훼손한 것으로 처벌 대상이 된다.

검찰은 박유하에게 이 죄목을 적용하여 3년 징역형을 구형하였다. 1심 재판이 2017년 1월 25일 판결이 나왔다. 1심 재판부는 박유하 교수에게 무죄를 선고하였다. 판결 요지는 명예훼손에 해당하기 위해서는 ①사실의 적시, ②사실의 적시에 따른 구체적인 명예의 침해라는 2가지 요건이 필요한데《제국의 위안부》는 대부분 박유하 교수의 의견이고 의견은 합리적 논증을 통해 반박되어야지 처벌의 대상이 아니라는 점과, 일부 사실의 적시가 있으나 고소인들 각자에 대한 구체적인 명예훼손까지는 이르지 않았고, 또 피고인 박유하 교수가 명예훼손이 고의가 있었다고 인정하기도 어렵다는 내용이었다.

재판부가 양심의 자유, 학문의 자유, 언론출판의 자유에 보다 무게를 두고 출판물에 의한 명예훼손의 죄를 좀 더 엄격하게 다뤄야 한다고 판시한 것이다. 필자 역시 공감한다.

두 번째는 헌법 제77조 3항의 비상계엄령 관련 조항이다. 제77조 3항은 '비상계엄이 선포된 때에는 법률이 정하는 바에 의하여 영장제도, 언론·출판·집회·결사의 자유, 정부나 법원의 권한에 관하여 특별한 조치를 할 수 있다'고 되어 있다.

세 번째는 국가보안법 제7조(찬양 고무 등)의 제1항 '국가의 존립·안전이나 자유민주적 기본질서를 위태롭게 한다는 점을 알면서 반국가단체나 그 구성원 또는 그 지령을 받은 자의 활동을 찬양·고무·선전 또는 이에 동조하거나 국가변란을 선전·선동한 자는 7년 이하의 징역에 처한다'라는 내용이다.

네 번째는 바로 이석기 사건 등에 적용된 형법 90조의 내란선동선전죄이다.

첫 번째의 형법상 모욕죄나 명예훼손죄는 국민 각자 간의 문제로 그 보호 대상이 개인의 명예라는 점에서 법률의 필요성이 명백하다. 다만 그로 인해 언론출판의 자유가 지나치게 제약되지 않도록 적용 요건을 엄격하게 하는 것이 필요할 뿐이다. 두 번째의 비상계엄 역시 국가의 존립이 위태로운 전시 혹은 그에 준하는 국가비상사태에 국가가 가진 물리력으로 군사상 필요 혹은 공공의 안녕질서를 유지하고자 함이고 이는 비상계엄령 자체가 타당하냐 아니냐는 판단의 문제이지 비상계엄 상황에서 언론출판집회결사 등의 일부 권리가 제약되는 것은 어쩔 수 없다.

문제는 국가보안법상의 찬양고무죄와 형법상의 내란선동선전죄는 언론출판의 자유와 관련되어 있고, 이 때문에 일부에서는 반드시 없어져야 한다고 주장하고 있다. 사법부에서도 이 2개의 범죄의 필요성은 현재까지는 인정하되 그 범죄의 구성에 있어서 엄격하게 적용할 것을 요구하고 있다.

이미 대부분의 선진 국가에서는 이런 류의 언론 출판의 자유를 제약하는 규정은 사라졌거나 매우 엄격하게 적용하고 있다. 이른바 언론출판의 자유는 반드시 '명백하고 현존하는 위험'이 입증될 경우에만 제한할 수 있다는 원칙이 있다.

이런 점에서 볼 때 탄핵반대 집회에서 계엄령을 발동해야 한다거나, 탄핵이 인용되면 혁명을 일으켜야 한다거나, 빨갱이는 모두 잡아 죽여야 한다는 발언들은 모두 무지막지하고 어처구니없는 발언이며, 그런 류의 발언이 내란을 유도한다는 명백성조차 있지만, 다만 그런 발언들이 실제로 계엄령의 발동이나 혁명, 혹은 빨갱이 사냥을 통한 살인으로 이어진다는 현존성은 입증하기가 어렵다. 때문에 이들이 내란선동 혐의로 기소될 이유는 없다.

마찬가지로 나는 이석기와 그의 동료들이 서울의 공개된 장소에 모여 1시간 남짓 연설을 듣고, 분반토론을 통해 나온 그 어떤 발언들도 대한민국을 내란으로 이끌어 갈만큼 현존하는 위험은 없다고 본다.

근본적으로 내란선동이라는 죄는 우선 내란을 치밀하게 준비하는 조직이 있어야 하고, 내란에 대한 구체적인 계획도 서 있어야 하며, 실제로 그 내란을 성공으로 이끌어가는 과정의 전체 행위 중 일부로 존재할 때에만 성립 가능하다. 즉 사전에 몇몇 사람이 총기를 은밀히 준비하고 있고, 그 사람들이 앞장서서 경찰을 향해 총을 쏘거나 경찰서를 습격하자는 계획이 서 있는 상황에서, 주변 군중을 향해 "경찰들을 죽이자", "경찰서를 불태우자"라고 하는 발언을 하는 경우가 바로 내란선동에 해당하는 것이다. 내란선동이란 죄는 전체 내란 집단의 범죄 행위의 일부로써 개별 구성원들의 범죄 행위를 특정하기 위한 전체 내란죄의 부분적 요소인 것이다. 내란이라는 전체가 없는 상황에서 내란선동이란 부분의 죄란 성립 불가능하다. 내란 조직도 없고, 내란 계획도 없고, 내란을 실행하는 단계도 아닌 상황에서의 발언이란 그 발언의 내용이 아무리 심각하고 아무리 자극적일지라도 아무런 현존하는 위험이 없는 것이다.

그렇기 때문에 나는 내란조직과 내란음모 없는 내란선동은 그 자체가 모순이라고 생각하고, 당연히 법원에서 내란조직의 존재도 입증 못하고, 내란음모 혐의는 무죄라면서 내란선동 혐의는 유죄라고 판시한 법관들의 법 마인드를 의심할 수밖에 없다.

삶의 질,
양심의 자유, 관용

언론출판의 자유를 지켜내는 최후의 보루로써의 '명백하고 현존하는 위험'은 그 사회의 전반적 분위기 속에서 그 정도가 정해진다. 적국과의 치열한 전쟁 과정에서 분노와 증오가 넘쳐나는 상황에서 적과 내통하였다는 혐의만으로도 얼마나 많은 사람들이 무고하게 죽임을 당했던가? 대중들의 광기가 넘쳐나고 지배층들이 공포에 사로잡히고 공동체가 서로를 적대시할 때에는 사소한 말조차도 격렬한 분노와 증오와 공포를 만들어낸다.

어둠 속에서는 휘날리는 하얀 손수건 하나조차도 죽을 것만 같은 공포를 만들어낸다.

때문에 민주주의가 건전하게 발전하고 유지하기 위해서, 그리고 양심의 자유와 언론출판의 자유가 지켜지기 위해서는 사회 전체에 다른 의견에 대한 관용이 흘러넘치도록 해야 한다. 관용은 프랑스어로 톨레랑스(tolerance)라고 한다. 톨레랑스는 16세기 종교개혁 시기에 프랑스에서 형성되었다. 전통적으로 유럽은 카톨릭(구교)을 국교로 삼았었다. 종교개혁이 활발해지면서 이런 시대적 흐름을 반영하여 당시 프랑스 국왕 앙리 4세가 낭트 칙령을 반포하여 신교에 대한 자유를 허용한다. 그런데 국왕 앙리 4세가 낭트 칙령을 반포한 것에 대해 분개한 광신적인 구교 신도에 의해 암살되는 사건이 벌어진다. 이 일로 구교와 신교의 대립이 극심해지고, 루이 14세 때에는 수십만 명의 신교도가 목숨을 잃었다. 이런 비극을 겪으면서 프랑스 지식인들 사이에 자기와 다른 신앙, 사상, 행동방식을 이해하고 용인해야 한다는 자각이 광범위하게 확산되었고, 이 정신이 바로 양심의 자유의 한 원칙으로 정립된 것이다.

볼테르의 말 "나는 당신이 하는 말에 찬성하지는 않지만, 당신이 그렇게 말할 권리를 지켜주기 위해서라면 내 목숨이라도 기꺼이 내놓겠다"는 말은 바로 이 관용의 정신의 가장 정점을 표현하고 있다.

관용의 정신을 좀 더 세분화하면 용인, 이해, 존중, 차별에 대한 반대, 차별에 대한 저항 등으로 단계화할 수 있다. 용인이란 그냥 그럴 수 있지, 무슨 상관이야라고 넘어가는 태도를 말한다. 이해란 상대의 생각의 배경까지를 파악하고 상대가 그런 생각에 도달한 전체를 파악하려는 노력이다. 존중은 그의 생각이 나와 다르지만 동등한 인격체로서 그의 생각을 소중하게 여기고 그의 생각대로 그가 살 수 있는 조건을 의미한다. 예컨대 동성애자를 놓고 생각한다면, 그럴 수 있지 하는 단계에서 동성애의 생물학적 사회적 배경까지를 파악하는 단계, 나아가서는 그들의 삶이 존중받고 사회적으로 허용되어야 한다는 생각까지 단계적 구분이 가능하다. 더 나아가서는 동성애에 대한 차별을 반대하고 그런 차별을 제도적으로나 사람들의 인식 속에서 없애려고 노력하는 실천도 관용의 일종이라고 할 수 있다.

사회가 서로가 서로를 존중하고 배려 받는 따뜻한 사회를 인간적인 사회라고 한다. 또 삶의 질이 높은 사회라고 한다. 대한민국은 제도로써의 민주주의도 쟁취하였고, 경제성장에서는 기적을 이룩한 위대한 국가이다. 그럼에도 불구하고 여러 지표에서 나타나는 삶의 질은 형편없다.

하나의 통계만 살펴보자. 한국무역협회 국제무역연구원이 2016년 12월 18일 발간한 '2016 세계 속의 대한민국 자료집'에 실려 있는 내용이다. 전체 순위를 먼저 보면 1위 스위스(9.83점), 2위 오스트리아(9.71점), 3위 노르웨이(9.71점), 4위 뉴질랜드(9.56점), 5위 캐나다(9.55점), 6위 덴마크(9.52점)로 상위권을 모두 민주주의와 복지가 크게 앞선 나라들이다. 미국은 18위(8.26점), 일본은 20위(8.11점)이다. 사회주의 정치를 고수하고 있고, 이제 막 경제성장 단계에 들어선 중국은 45위(5.26점)이다. 그렇다면 자랑스러운 우리 대한민국은 몇 위일까? 미국이나 일본에 조금 뒤지지만 중국 정도는 가볍게 누르고 있지 않을까? 안타깝게도 대한민국은 47위(4.95점)로 중국보다 뒤지고 있다.

순위도 대단히 충격적이지만 그 내용을 들여다보면 더욱 심각하다. 정보통신기술, 인터넷 속도, 국내총생산 대비 연구개발 투자 부문 등에서 대한민국은 세계 1위를 차지하였다. 반면 연간노동시간, 시간당 근로보상 증가율, 여성고용률, 출산률, 실업률, 투명성지수 등이 매우 심각하게 하위권이었다.

한 연구결과에 따르면 사람이 행복감을 느끼는 가장 큰 요인은 타인에 대한 신뢰이다. 신뢰는 믿음을 의미한다. 신뢰할 수 없는 사람, 신뢰할 수 없는 집단이라는 표현 등에는 신뢰가 어떤 행위들의 집합에 따른 결과로 이해되기 쉽다. 즉 내가 어떤 사람을 신뢰하지 못하면 그 사람이 문제인 것이지 신뢰를 주지 못하는 내가 문제라고 생각하지는 않는다. 물론 그런 측면도 있을 것이다. 반복해서 믿음을 깨게 되면 자연스럽게 해당 사람이나 집단에 대한 신뢰가 깨진다. 그러나 타인에 대한 신뢰는 타인의 행위의 결과이기도 하지만, 나 자신에 대한 신뢰와도 깊은 관련이 있다. 타인이나 집단을 신뢰하지 못하는 것은 나 스스로를 믿고, 스스로의 판단 능력이나 사고력을 믿고, 스스로의 감정과 정서를 믿고 있다면 자연스럽게 타인이나 다른 집단에 대한 신뢰도 형성될 수 있다. 신뢰는 관용의 정신과 깊은 관련이 있다. 낯선 것, 경험하지 못한 것, 자신과 다른 것을 관용하지 못하는 사회에 신뢰가 깃들기는 불가능하다.

2012년 대선 당시 원세훈 국정원장의 지휘 하에 국정원 직원들의 인터넷 댓글 여론조작 사건이 있었다. 그 일로 결국 원세훈 국정원장은 국정원법 위반 혐의로 유죄 판결을 받았다. 내가 그 사건에 대해 극심하게 분노하는 이유는 당연히 정치중립적이어야 할 국가기관을 특정 정치세력의 정치적 이익, 선거에서의 당선을 위해 동원하였다는 점에서 국민주권을 본질적으로 훼손한 범죄이기 때문이다. 그와 함께 나는 국정원 직원들의 인터넷 게시글에서 큰 충격을 받았는데, 예컨대 국정원 직원 ID 좌익효수는 '홍어 종자 절라디언들은 죽여버려야 한다' 등과 같은 극단적인 지역감정을 조장하는 글들을 썼다. ID인 좌익효수라는 이름조차 섬뜩하다. '좌익의 머리를 자른다'는 의미이다.

이들이 보수 집권의 필요성, 진보 후보의 문제점을 논리적으로 설득하거나 비판하였다면 그나마 이해가 된다. 그런데 이들은 그렇지 않아도 서로가 서로에 대해서 극단적인 인터넷에서 그런 극단을 자극하고 촉진하는 휘발유를 뿌린 것이다. 자기들 입장에서는 그 방법이 더 효과적이라고 판단하였을 것이고, 실제 효과적이었을 것이다.

그러나 국가기관이, 공무원이 그러면 안 되지 않는가? 인터넷에서 일베 사이트의 문제점은 그들이 우파여서가 아니고 사회 전체를 좀먹고 공동체를 파괴하는 극단적 분열, 극단적 대립의 용어와 견해들을 전파하기 때문이다. 문제는 이 일베 사이트를 공공연하게 국정원이 지원하고 VIP 대접을 해가면서 육성하고 있다는 점이다.

또 다른 문제가 있다. 바로 종북몰이 속에서의 소위 민주주의자들의 침묵이다. 앞의 글을 통해 나는 국정원이나 일부 보수세력들의 극단적 대립을 비판하였다. 종북몰이는 과거 빨갱이로부터 이어져 내려온 우리사회의 대표적인 우익들의 무기였다. 그런데 언제부터인가 민주주의자들 혹은 진보주의자라고 자처하는 사람들이 너무나 무력하게 종북몰이를 묵인하거나 종북몰이의 희생자들에 대한 비난의 대열에 동참하였다.

관용의 정신은 차별에 대한 반대, 차별에 대한 저항에서 가장 빛난다. 그리고 그런 반대와 저항은 쉬운 일이 아니다. 한 사회의 진보를 꿈꾸거나 민주주의를 염원하는 이른바 지식인들, 종교인들, 학자들, 언론인들에게 부여된 일종의 사명이라고 할 수 있다. 과거 박정희 군사독재 치하에서 민중이 결국 승리할 수 있었던 것은 이런 차별에 대한 저항이 당연하다고 생각했던 사람들이 사회에 두텁게 있었기 때문이다.

아래는 마틴 니뮐러(1892.1.14 –1984.3.6)의 〈전쟁책임서〉라는 책에 실린 시이다. 관용의 정신이 사라졌을 때 어떻게 민주주의가 파괴되는지를 잘 표현하고 있다. 마틴 니뮐러는 나치시대 독일의 루터파 목사이자 신학자였다. 그는 초기 나치가 집권하였을 때 공산주의를 반대하는 정책을 보고 나치를 지지하였다고 한다. 시간이 흘러 나치가 점점 민주주의를 파괴하는 것을 보고 환멸을 느껴 반나치 활동을 적극 전개하였다. 1931년에는 '목회자 긴급동맹'을 만들어 나치에 저항하는 운동을 전개하였고, 그로 인해 1937년에 나치 비밀경찰에 체포되어 강제수용소에 구금되었다가, 2차 세계대전이 끝난 후 풀려났다고 한다.

나치가 공산주의자들을 덮쳤을 때,

나는 침묵했다.

나는 공산주의자가 아니었다.

그 다음에 그들이 사회민주당원들을 가두었을 때,

나는 침묵했다.

나는 사회민주당원이 아니었다.

그 다음에 그들이 노동조합원들을 덮쳤을 때,

나는 아무 말도 하지 않았다.

나는 노동조합원이 아니었다.

그 다음에 그들이 유태인들에게 왔을 때,

나는 아무 말도 하지 않았다.

나는 유태인이 아니었다.

그들이 나에게 닥쳤을 때는,

나를 위해 말해 줄 이들이

아무도 남아 있지 않았다.

이정희와
통합진보당의 해산

18대 대선 막바지 3회에 걸쳐 TV토론이 있었다. 첫 토론은 12월 4일 이었다. TV토론은 공직선거법 제82조의2(선거방송토론위원회 주관 대담 토론 회) 규정에 의해 국회에 5인 이상의 소속의원을 가진 정당이 추천한 후보자, 직전 선거에서 전국 유효총투표수의 100분의 3 이상을 득표한 정당이 추천한 후보자, 선거기간개시일전 언론기관에서 공표한 여론조사결과 평균 지지율이 100분의 5이상인 후보자로 제한되어 있다. 이 조항에 의해 18대 대선 후보 TV토론에는 새누리당의 박근혜 후보, 민주당의 문재인 후보, 그리고 통합진보당의 이정희 후보 3인이 참석하였다.

　TV토론은 통합진보당의 이정희 후보의 독무대와 같았다. 이정희 후보는 TV토론 시작부터 기성 정당에서 외면해오던 의제들을 거침없이 거론하였다. 쌍용차 해고자 투쟁, 제주 해군기지 반대 투쟁, 용산 철거민 참사 사태, 한미 FTA 폐기 등이 공중파를 통해 거침없이 주장되었다. 애국가를 부르지 않는다는 박근혜 후보의 색깔론 공세에는 "외교의 기본은 나라의 주권을 지키는 것"이라며 "충성혈서를 써서 일본군 장교가 된 '다카키 마사오'가 누군지 알 것이다. 한국 이름 박정희. 군사쿠데타로 집권하고 한일협정을 밀어붙인 장본인이다. 유신독재를 하고 철권을 휘둘렀다"라고 박근혜 후보를 맹비난했다. 또한 "박 후보는 전두환 정권이 준 돈 6억 원을 스스로 받았다고 하지 않나. 이 돈은 유신정권이 재벌한테 받은 돈에서 나온 것 아니냐"라고 따진 데 이어, "박 후보가 권력형 비리의 근절을 말했는데 솔직히 '장물'의 월급을 받고 살아온 분이어서 잘 믿기지 않는다. 정수장학회도 김지태 씨를 협박해서 빼앗고, 영남대학교도 빼앗아서 28살 때 이사장을 했지 않았냐"고 다그쳤다.

첫날 TV토론이 끝난 직후 인터넷의 주요 포털에는 '다카키 마사오', '전두환 6억', '이정희' 등이 실시간 검색어에 올랐다. 트위터 등 SNS 상에서도 핫 이슈는 단연 이정희였다.

새누리당에서는 중앙선거관리위원회가 주관하는 대통령 선거 TV토론의 참가 자격을 제한하는 '이정희 방지법'을 발의하였다.

12월 10일 열린 2차 TV토론은 경제분야를 주제로 하여 개최되었다. 이정희 후보의 박근혜 후보에 대한 공세도 주제의 성격상 다소 완화되었으나, 여전히 날선 비판은 계속되었다. 이정희 후보는 특히 "박 후보는 18년간 청와대 집에서 살다가 1980년에 경남기업 회장이 무상으로 지어준 300평이 넘는 성북동 집에 들어갔다. 거저 넘겨받았는데 증여세와 취득세를 내지 않았다"고 비판했다.

이 후보는 "지난 토론에서 박 후보가 전두환 전 대통령에게 6억 원을 받았다고 시인했는데, 상속세와 증여세를 냈는가"라고 납세 문제를 꺼냈다.

이에 박 후보는 "이미 답을 드렸고 과거의 일로, 이 후보는 현실적인 코앞의 문제부터 해결해야 할 것"이라면서 "처음부터 대선을 끝까지 할 생각도 없으면서 27억 원을 받는 것은 국회서 논란이 된 먹튀법에 해당된다"고 역공을 취했다.

통합진보당의 이정희 후보는 TV 3차 토론 직전인 12월 16일 야권 정권교체를 목적으로 대선 후보 자격을 반납하였다. 그러나 12월 19일 대선에서 승자는 박근혜 후보였고, 이정희의 날선 공격을 기억하던 많은 유권자들은 이정희와 통합진보당의 미래에 대해 우려의 눈길을 보내고 있었다.

2014년 12월 19일은 박근혜가 제19대 대한민국 대통령으로 당선된 2주기였다. 이날 우리나라 헌법재판소는 헌법 제 '사건번호 2013헌다1 통합진보당해산심판사건'을 찬성 8명 기각 1명의 의견으로 인용 결정한다.

통합진보당의 해산은 헌법 제8조 4항 '정당의 목적이나 활동이 민주적 기본질서에 위배될 때에는 정부는 헌법재판소에 그 해산을 제소할 수 있고, 정당은 헌법재판소의 심판에 의하여 해산된다'에 따른 것이었다.

　정당은 과연 해산될 수 있는가? 통합진보당 해산의 근거가 된 위헌성에 대해서는 다양한 의견이 존재할 수 있다. 그러나 나는 과연 정당이 국가권력에 의해 강제로 해산되는 것이 민주주의의 원리에 부합하는 것인가? 라는 질문을 던지고 싶다.

　통합진보당은 중앙선거관리위원회의 2012년도 정당의 활동개황 및 회계보고에 따르면, 전체 104,692명 중 41,444명(39.6%)이 당비를 납부하고 있던 정당이었다. 통합진보당은 민주노총과 전국농민회 등과 시민단체 등에 기반을 두고 있는 진보정당이었다. 당은 진보적 민주주의를 표방하였고 대체로 남북 간의 화해와 협력, 평화통일, 반미자주화, 무상복지 등을 주장하였다.

　통합진보당은 해산 당시 국회의원 5명을 보유하고 있었다. 2012년 총선 때 통합진보당의 이름으로 국회의원에 선출된 숫자는 총 13명(지역구 7, 비례대표 6)이었고, 정당지지율은 10%를 넘었다.

　통합진보당의 전신인 민주노동당이 창당된 것은 2000년 1월 30일이었다. 통합진보당은 대한민국에서 13년 가까이 정당으로서 존재해왔다.

　헌법재판소의 통합진보당 해산은 2012년 총선 과정에서 있었던 통합진보당 비례의원 당내 경선과정에서의 부정선거 파문, 그로 인한 통합진보당의 분당, 이석기 내란음모 사건 등 일련의 과정 속에서 이뤄졌다. 박근혜의 대통령 당선 이전부터 통합진보당은 소위 '종북'이라는 비난을 받아왔다. 헌법재판소의 통합진보당 해산 결정에 대한 국민여론은 그 당시에는 대체로 찬성이 높았다. 당시 언론사들과 여론조사기관들의 조사 결과는 대체로 통합진보당 해산결정 찬성이 60%를 넘었고, 반대 여론은 30%에 조금 못 미쳤다.

정당은
누구도 해산할 수 없다

통합진보당 해산의 문제는 박근혜-최순실 게이트에 대한 특별검사의 수사과정에서 김기춘 당시 청와대 비서실장의 지시에 의해 치밀하게 준비되었다는 정황들이 나왔다. 심지어 통합진보당의 해산이 최순실의 작품이라는 주장도 있다. 박근혜 대통령에 대한 국민여론이 압도적으로 부정적이고, 박근혜 정부에서 추진된 여러 정책들이 국민여론 상 비판받고 있는 상황에서도 여전히 통합진보당 해산 및 그와 연관된 이석기 의원의 내란음모 사건에 대한 변호나 복원의 목소리는 높지 않다. 그만큼 우리 국민들이 통합진보당에 부정적 인식을 갖고 있다는 의미이다.

나는 헌법재판소에 의한 통합진보당 해산이 잘못되었다고 생각한다. 정당의 자유가 국민의 정치활동 보장을 위한 가장 기본적인 권리이고, 정당 해산이 집권세력에 의한 반대당 탄압으로 악용될 소지가 높다는 것은 누구나 쉽게 생각할 수 있다.

국제적으로 정당 해산과 관련 베니스위원회라는 조직에서는 '정당의 금지와 해산 및 유사 조치에 관한 지침'이라는 문서를 통해 민주주의 각국에서 특히 정당과 관련한 전반적인 사항에 관한 일종의 기준을 제시하였다. 베니스위원회는 우리나라도 2006년 가입하여 그 기준을 따를 의무가 있다. 총 7개항으로 되어 있고, 아래는 그 전문이다.

1. 각국은 모든 사람이 정당에서 자유롭게 결합할 권리를 가진다는 점을 승인하여야 한다. 이 권리는 정치적 의견을 가질 자유와, 공적 기관의 간섭 없이 그리고 국경에 관계없이 정보를 주고받을 자유를 포함하여야 한다. 정당을 등록하도록 요구하는 것은 그 자체로 이 권리의 침해로 이어지지는 않을 것이다.

2. 정당의 활동을 통하여 위에서 언급한 근본적인 인권의 행사에 대한 제한도, 평시는 물론 공공적 비상사태의 경우에도, 유럽인권협약 기타 국제적 조약의 관련규정과 부합하지 않는다.

3. 정당의 금지 또는 강제해산은 민주적 헌법질서를 전복하기

위한 정치적 수단으로 폭력의 사용을 주장하거나 폭력을 사용하고, 이를 통해 헌법에 의해 보장되는 권리와 자유를 손상시키는 정당의 경우에만, 정당화 될 수 있다. 정당이 헌법의 평화적 변경을 주창한다는 사실만으로는 정당을 금지하거나 해산시키기에 충분한 사유가 되지는 아니 한다.

4. 정치적/공적 활동 및 정당 활동의 영역에서 정당에 의해 권한을 부여받지 않은 구성원들의 개별적 행위에 의하여 전체로서의 정당에 대한 책임을 물어서는 아니 된다.

5. 특히 광범위한 효력을 가지는 조치로서 정당의 금지 또는 해산은 극도로 자제되어야 한다. 정부 기타 국가기관들은 권한 있는 사법기관에 정당을 금지하거나 해산을 청구하기 전에, 국가의 관련 상황을 고려하여 그 정당이 진정으로 자유롭고 민주적인 정치질서에 또는 개인의 권리에 대하여 위험을 야기하는지 여부와 보다 덜 과격한 다른 조치로 그러한 위험을 예방할 수 있는지 여부를 고려하여야 한다.

6. 정당의 금지 또는 해산을 향한 법적 조치들은 위헌성을 사법적으로 판단한 결과여야 하고 예외적인 성격을 가지는 것으로 보아야 하며 비례성원칙에 따라 규율되어야 한다. 정당의 금지나 해산 조치는 단지 그 개별 구성원뿐만이 아니라 정당

자체가 위헌적인 수단을 사용하거나 사용을 준비하여 정치
적 목적을 추구한다는 충분한 증거에 근거를 두어야 한다.
7. 정당의 금지 또는 해산은 헌법재판소 기타 적절한 사법기관
에 의해 적법절차, 공개의 원칙과 공정한 재판이 완전하게 보
장되는 절차에서 결정되어야 한다.

헌법재판소에서 내린 통합진보당 해산이 국제적 기준에 맞지 않
는 매우 정치적인 결정으로 헌법재판소 스스로 민주주의의 근본 원
칙을 위배한 큰 잘못이다. 이미 지나가버린 일이기 때문에 여기서
다시 통합진보당 해산 결정을 재론하고 싶지는 않다. 관심 있는 독
자들은 당시 헌재 결정문을 읽어보고 과연 그 내용이 저 '정당의 금
지와 해산 및 유사 조치에 관한 지침'에 부합하는지를 생각해보았으
면 한다.

좀 더 근본적인 문제의식을 던져보고 싶다. 통합진보당의 해산은
우리 헌법 제8조 4항 '정당의 목적이나 활동이 민주적 기본질서에 위
배될 때에는 정부는 헌법재판소에 그 해산을 제소할 수 있고, 정당은
헌법재판소의 심판에 의하여 해산된다'에 근거하여 이뤄졌다. '목적
이나 활동이 민주적 기본질서에 위배된다'라는 표현은 매우 추상성

이 높다. 근대 민주주의의 원리 중 하나가 죄형법정주의로 구체적으로 법률에 명시되지 않았다면 범죄라고 처벌할 권리가 아무에게도 없다. 그런데 민주적 기본질서도 해석하기 나름이고, 당시의 헌재 결정문을 보아도 '숨겨진 목적'이니, '주도 세력'이니 등의 표현으로 통합진보당의 목적을 헌재 재판관들이 매우 자의적으로 해석한 경우가 많았다.

내가 갖는 의문의 첫 번째는 '정당은 해산될 수 있는가'의 문제이다. 정당이 문제가 있다는 것은 그 구성원 중 누군가의 문제일터인데, 그 누군가를 법률에 의해 처벌하는 것이 국가가 할 일이고, 정당의 해산은 정당원 스스로 결정할 문제가 아닌가 하는 생각이다. 정당이 정당원 스스로의 결정에 의해 정치적 목적을 표방하고 그에 따라 당원을 확대하는 것은 결국 양심의 자유, 사상의 자유와 관련된 부분으로 민주주의라는 제도를 가지고 정당을 해산시킬 수 있는 제도는 문제라는 생각이다.

두 번째는 '설혹 정당이 해산될 수 있다고 해도, 그 최종 판단을 헌법재판소가 하는 것이 타당한가'의 의문이다. 민주적 기본질서는 보는 사람마다 다를 수밖에 없는 매우 정치적인 기준으로 무엇이 민주적인지 무엇이 반민주적인지는 결국은 국민 다수의 결정에 따를 수밖에 없는 문제이다. 헌법재판소의 결정문을 읽어보면 그 의식이나 정서가 마치 70년대 유신정권 때를 상상하게 만든다. 대체로 국민정서나 국민감정보다는 한참 보수적이다. 뭐 헌법재판관들이 진보적이라거나, 국민감정과 일치한다고 해도 문제는 마찬가지이다. 국민의 기본권과 관련된 판단에서는 헌법재판소 등과 같은 전문가 집단에게 최종 결정권을 주는 것이 아니고 국민투표 등을 통해서 결정하도록 하는 것이 옳다는 생각이다.

당근과
채찍

정당과 관련하여 좀 더 근본적인 문제가 존재한다. 우리 헌법 제8조
는 아래와 같이 정당에 대한 내용을 담고 있다.

① 정당의 설립은 자유이며, 복수정당제는 보장된다.

② 정당은 그 목적·조직과 활동이 민주적이어야 하며, 국민의
정치적 의사형성에 참여하는데 필요한 조직을 가져야 한다.

③ 정당은 법률이 정하는 바에 의하여 국가의 보호를 받으며, 국
가는 법률이 정하는 바에 의하여 정당운영에 필요한 자금을 보
조할 수 있다.

④ 정당의 목적이나 활동이 민주적 기본질서에 위배될 때에는

정부는 헌법재판소에 그 해산을 제소할 수 있고, 정당은 헌법재판소의 심판에 의하여 해산된다.

헌법 제2항에 해당하는 법률이 바로 정당법이다. 이 법률에 따르면 정당은 '수도에 소재하는 중앙당과 특별시·광역시·도에 각각 소재하는 시·도당(이하 '시·도당'이라 한다)으로 구성(법률 제3조)'하여야 하고, '정당은 5 이상의 시도당을 가져야(법률 제17조)' 하며, '시도당은 1천인 이상의 당원을 가져야(법률 제18조 1항)' 한다. 또 '이 법률에 의하여 등록된 정당이 아니면 그 명칭에 정당임을 표시하는 문자를 사용하지 못하도록(법률 제41조)' 규정하고 있다.

정당 설립이 매우 어렵게 되어 있을 뿐만 아니라 그 유지도 매우 힘들다. '정당은 5개 이상의 법정 시도당 수 및 1천명 이상의 시도당 당원이라는 조건을 유지하지 못할 경우에는 등록이 취소(법률 제44조)'된다. 또한 '임기만료 국회의원선거(정기 총선)에 참여하여 의석을 얻지 못하고 유효투표총수의 100분의 2 이상을 득표하지 못한 때(법률 제44조)'에도 등록이 취소된다. 이 때문에 우리나라에서는 국회의원 선거를 앞두고 수많은 정당이 생겼다가, 선거가 끝나면 많은 정당이 등록 취소된다. 왜 이렇게 해야 하는 것일까?

자본주의 사회에서 모든 조직과 활동은 그에 소요되는 자금이 반드시 필요하다. 주식회사나 개인회사 등과 같이 영리를 목적으로 하는 기업이라면 영업활동을 통해 기업의 유지 운영과 기업 활동에 필요한 재원을 조달할 수 있다. 수익을 창출하지 못하는 기업은 자연히 시장에서 퇴출된다.

그런데 사회 속에 존재하는 조직과 활동이 반드시 영리를 목적으로 하는 경우만 존재하는 것은 아니다. 재단이나 사단법인 형태를 취하는 것들은 대체로 비영리단체로서 공익적 연구나 학술, 문화, 복지, 장학, 언론, 지역발전 등 공익적 목적을 갖는다. 이들 공익적 목적의 단체는 영리를 주된 사업으로 하지 않기 때문에 돈을 벌기보다는 쓰는 것이 주 활동이다. 그렇다면 이 단체들은 조직의 운영과 활동에 필요한 재원을 어떻게 확보할까? 조직의 취지에 공감하는 사람들의 출연금, 회비, 후원금 등이 대부분이다. 그리고 우리나라를 포함하여 대부분의 국가에서는 공익적 목적에 사용되는 돈의 흐름을 비과세하거나 세제 혜택을 제공한다.

돈이 흐르는 곳에는 대체로 과세가 존재하게 마련이다. 월급을 받으면 근로소득세, 사업에서 이익을 남기면 법인세, 물건을 구매하면 소비세나 부가세 등을 낸다. 돈을 타인에게 아무 대가 없이 주는 것에도 세금이 붙는다. 혈연관계의 후손들에게 돈을 줄 때는 상속세, 타인에게 돈을 주면 양도세를 내야 한다. 때문에 어떤 종류의 돈의 흐름을 면세하거나 세제 혜택을 주는 것은 큰 혜택이고, 좀 더 생각하면 국민세금으로 그런 활동을 지원하는 셈이 된다.

우리나라에서 이런 식의 혜택이 주어지는 돈의 흐름은 재단이나 사단 등과 같은 비영리단체여야 하고 법령에 의하여 정부 부처 혹은 지방자치단체에 등록하고 활동 내역을 신고하도록 되어 있다. 비영리단체들이라 할지라도 타인으로부터 기부금을 맘대로 받을 수는 없다. 기부금을 받기 위해서는 조건을 갖춘 후 법정 기부금 단체로 신고하고 그 기부금의 사용 용도를 엄격하게 제약받는다. 이 뿐만이 아니다. 공익적 성격이 뚜렷한 경우가 입증되고 일정한 절차를 거치면 정부 각 부처와 지자체를 통해 보조금을 지원받을 수 있다. 보조금은 국가와 지방자치단체의 재정에서 상당히 높은 비중을 차지하고 있다. 2013년의 경우 국가 예산 중 국고보조금은 약 15%에 달하였다.

세금을 면제하고 기부금을 받을 수 있는 등의 혜택은 공익적 목적이 뚜렷한 경우에 한해 지원된다. 정치활동 역시 공익적 목적에 해당된다. 그런데 우리나라에서는 단체들이 공익적 목적 중에서 정치활동, 특히 선거와 관련해서는 엄격하게 할 수 없도록 제한하고 있다. 대신 이런 정치활동을 할 수 있는 조직을 정당으로 규정하고 '정당법'과 '정치자금법'을 통해 규제하고 있는 것이다. 정치자금법은 정치자금의 적정한 제공을 보장하고 그 수입과 지출내역을 공개하여 투명성을 확보하며 정치자금과 관련한 부정을 방지함으로써 민주정치의 건전한 발전에 기여함을 목적(정치자금법 제1조)으로 한다. 또 누구든지 이 법에 의하지 아니하고는 정치자금을 기부하거나 받을 수 없다(제2조). 정치자금은 당비, 후원금, 기탁금, 보조금, 정당의 당헌당규 등에서 정한 부대수입(제3조 1) 등으로 규정하고 있다. 이 중 국고보조금은 선거권자 숫자를 기준으로 국가예산에 의무적으로 반영하도록 되어 있고, 특히 선거가 있는 해에는 보조금을 확대 편성해야 한다(제25조).

보조금은 정당에게만 지급한다. 각급 선거에서 출마한 후보자 중 전체 유권자 중 15% 이상 득표한 후보에게는 선거비용 전액을 돌려주고, 10% 이상 득표한 후보자에게는 선거비용 반액을 돌려주는 제도는 정당보조금이 아닌 별도의 국가 예산에서 지급된다.

또 정치활동 중 가장 중요한 선거와 관련해서도 우리나라 '공직선거법'은 정당에 매우 유리하도록 되어 있다. 선거 때 부여되는 선거 기호는 의석을 가진 정당, 의석이 없는 정당, 무소속 후보자의 순서로 하도록 되어 있다(공직선거법 제150조). 기호가 앞 순위일수록 득표에 유리하다는 것은 당연하다. 모든 유권자들이 투표 행위를 하면서 이성적으로 하는 것은 아니다. 마지못해 투표장에 나와서 앞에 있는 후보를 찍는 경우도 많다. 유권자의 이런 불합리하거나 무관심한 투표를 당나귀투표(Donkey Vote)라고 한다. 당나귀투표는 적게는 1~3% 많게는 8%까지 발생하는 것으로 알려져 있다.

많은 나라에서는 이런 문제를 우려하여 선거기호를 추첨으로 하는 방식을 택하고 있다. 또 우리처럼 정당 우선제도를 택하는 경우라고 해도 우리나라처럼 기호를 숫자로 부여하지 않고 문자(영문 알파벳 등)를 사용한다.

새로운 시대에 맞는
새로운 정당

2015년 12월 15일 한상균 민주노총 위원장에 대한 구속영장이 발부되었다. 한상균 위원장에게 적용된 혐의는 특수공무집행방해치상, 특수공무집행방해, 특수공용물건손상, 일반교통방해, 집회시위에관한법률 위반 등이었다. 구체적으로는 2015년 11월 14일 있었던 1차 민중총궐기 집회 및 그 전에 있었던 4월 18일 세월호 1주기 범국민대회, 5월 1일 노동절 집회 등에서 집회금지장소위반, 금지통고된집회주최, 해산명령불응, 주최자 준수사항 위반 등 집회 및 시위에 관한 법률 위반과 형법상의 일반교통방해, 특수공무집행방해치상, 특수공무집행방해, 특수고용물건소상 등 8개의 죄를 저질렀다는 내용이었다.

2015년 11월 14일 개최된 1차 대한민국 민중총궐기는 박근혜 정부의 노동정책과 민주주의 탄압, 남북문제, 세월호 사건 등과 관련하여 박근혜 정부에 대한 11대 요구를 내걸고 민주노총 등 총 53개 단체로 구성된 대한민국 민중총궐기투쟁본부에서 주도한 대규모 시위였다.

항목	세부 요구 조건
일자리노동	쉬운 해고 반대, 평생 비정규직, 노동개악 중단, 모든 노동자의 노동 기본권 보장, 모든 서민의 사회안전망 강화
재벌책임강화	재벌 사내유보금 환수, 상시지속업무 정규직 전환 등 재벌 사용자 책임
농업	밥쌀 수입 저지, TPP 반대, 쌀 및 농산물 적정 가격 보장
민생빈곤	노점 단속 중단, 순환식 개발 시행, 장애등급제, 부양의무제 폐지
민주주의	공안탄압 중지, 국가보안법 폐지, 국정원 해체, 양심수 석방, 역사왜곡 중단, 역사교과서 국정화 계획 폐기
인권	차별금지법 제정, 여성, 이주민, 장애인, 성소수자 차별 및 혐오 중단, 국가인권위 독립성 확보, 정부 및 지자체 반인권행보 중단
자주평화	대북 적대정책 폐기, 남북관계 개선, 5.24조치 해제, 민간교류보장, 한반도 싸드 배치 반대, 한미일삼각군사동맹 중단, 일본의 군국주의 무장화 반대
청년학생	청년 좋은 일자리 창출 요구, 대학구조조정 반대
세월호	세월호 온전한 인양, 세월호 참사 진상규명, 안전사회건설
생태환경	국립공원 케이블카 건설 계획 폐기, 신규원전 건설 저지, 노후원전 폐기
사회공공성	의료, 철도, 가스, 물 민영화 중단, 제주 영리병원 추진 중단, 공공의료 확충

도표에서 볼 수 있듯 다양한 요구들을 추진하는 정치활동을 꼭 시위라는 방법으로만 해야 하는 것일까? 각 목적 사업별로 정당이 만들어지고 해당 정당은 국민발안을 통해 해당 정책들을 최종적으로 국민투표로 가부 간 결정을 할 수 있게 해야 한다. 국민투표를 통해 정책과 법률을 결정할 수 있다면 국민들 역시 굳이 저렇게 다양하고 많은 요구들을 내걸고 끈질기게 반정부 투쟁을 할 일도 없을 것이다.

헌법 제21조의 결사의 자유에 대한 일반적 원칙에도 불구하고 헌법 제8조에 별도로 정당설립의 자유를 명시한 것은 우리 헌법이 국민의 정치참여를 적극 독려하고 있으며, 민주주의에 대한 원리에 철저하다는 오해를 하게 만든다. 그러나 정당에 대한 엄격한 규제를 둔 '정당법'과 국고보조금 제도를 둔 '정치자금법'이라는 2개의 법률까지를 연결해서 보면 우리나라의 정당제도는 국민의 정치 참여를 어떻게든 가로막고자 하는 의도가 너무나 뚜렷한 것을 알 수 있다. 여기에 '공직선거법'까지 살펴보면 기성 정당의 정치적 독과점 체제가 너무나 강력하다는 것이 확인된다. 게다가 우리나라의 경우 재단 혹은 사단법인 등이나 기타 이익단체들에 대해서는 대부분 정치활동이 금지되도록 법령으로 제한하고 있다.

정치를 할 수 있는 조직으로는 거의 유일하게 '정당'으로 한정하고 있으며, 그 '정당'의 설립과 운영 요건을 엄격하게 하고 있다. 또 '정당'으로 등록된 곳에 한해 자유롭게 정치자금을 거두고 사용할 수 있으며, 특히 국가예산을 들여 '정당보조금'을 지원하고 있는 것이 우리 대한민국의 현실이다. 또한 정당의 주된 활동을 가능하면 '선거'에 집중하도록 하고 있다. '공직선거법' 등을 통해서는 무소속보다는 정당 소속이 현저하게 유리하도록 제도를 만들어두고 있다.

이는 정치를 하려면 기성 정당에 들어와서 하라는 것에 다름 아니다. 그리고 정당 활동의 대부분을 국민들의 직접적인 정치참여보다는 대의정치를 위한 선거에 집중되어 있다. 국민들은 가급적 정치에 참여하지 말고, 정치에 참여하는 것은 입후보 혹은 선거운동 정도로 제한하는 것이 현재 우리나라의 정치 현실인 것이다. 이런 정치 현실이 기성 정당에 환멸을 느끼면서도 어쩔 수없이 선거 때마다 최선이 아닌 차악의 후보를 선택하게 만들고, 국민들은 선거가 끝나면 정치는 잊어버리고 일상생활로 돌아가 정치인들만 바라보도록 만드는 것이다.

자본주의 사회의 가장 중요한 원리 중 하나가 경쟁이고, 국가는 이런 경쟁이 공정하게 진행되도록 가능한 제도와 절차를 만들 의무가 있다. 정치 영역이야말로 가장 치열한 경쟁이 벌어지는 곳이다. 기업이 주도하는 시장 속에서 중소기업법, 독점금지법이나 공정거래법 등을 통해 경쟁을 보장하고 신규 시장 진출자를 보호하려고 노력한다. 물론 그런 법률들이 실제 현장에서 얼마나 효과를 발휘하는지, 알맹이는 빼고 겉만 그럴싸한 유명무실한 것에 불과한 것은 아닌지의 의문은 있지만 최소한 형식적으로는 공정한 경쟁을 추구한다. 그런데 정치의 영역은 왜 이런 공정한 경쟁을 가로막는 것일까?

첫째 정당법은 그 법령의 목적과 정당에 대한 정의에 부합하게 설립 및 유지에 필요한 요건을 최소화해야 한다. 우리나라 정당법은 정당이 국민의 정치적 의사형성에 참여하는 데 필요한 조직을 확보하고 정당의 민주적인 조직과 활동을 보장함으로써 민주정치의 건전한 발전에 기여함을 목적으로 하고 있다(제1조). 정당의 목적은 선거를 통한 의회 진출이나 대통령 당선이 아니고 국민의 정치적 의사형성과 민주정치의 건전한 발전에 기여하는 것에 있다.

예컨대 박근혜 대통령의 탄핵을 요청한 촛불집회와 같은 시민행동을 생각해보자. 한시적이긴 하지만 촛불집회는 국민의 정치적 의사형성이고 민주정치의 건전한 발전에 기여하는 것을 목적으로 한다. 우리나라의 촛불집회는 뚜렷한 조직체가 없이 진행되고 있다. '박근혜탄핵국민촛불당'을 만들 수는 없는 것일까? 촛불집회에 참여하는 사람 전체가 당원일 필요는 없지만, 박근혜 탄핵을 목적으로 끝까지 관철하겠다는 의지를 가진 사람들 중심으로 정당을 만들고 이 정당은 일차적으로 박근혜 대통령의 탄핵을 목적으로 하며 이후 해산될 수도 있으며, 혹은 다른 목적으로 발전할 수 있다.

이렇게 한시적으로라도 '박근혜탄핵국민촛불당'이 우리나라 정당법에 따라 등록이 가능하다면 어떤 효과가 있을까? 일단 참여 주체들의 의사가 좀 더 조직화되고 그에 따라 목적 달성에 이르기까지 지속

될 가능성이 크다. 보다 현실적으로는 '촛불당'이 정당으로 인정될 수 있으면 예컨대 촛불집회의 소요 비용도 당원들이 내는 당비나, 정당 후원금 등 정치자금법에 의해 효율적으로 확보될 수도 있다.

현재 진행 중인 촛불집회의 비용은 국민성금을 기반으로 하는 것으로 알고 있는데, 예를 들면 '4대강반대및생태복원당', '사드배치반대당' 등과 같이 특정 목적을 중심으로 하는 정당도 있을 수 있다. 이들 정당은 집권이나 국회의원 당선이 목적이 아니고 국민청원이나 국민발안 등으로 자신들의 요구를 국민들에게 호소하고 결국 국민투표를 통해 자신들의 목적을 관철할 수 있게 된다. 이것이야말로 진짜 정치가 아닌가? 많은 정당과 정치인들이 선거 때면 유권자들에게 호소하면서 자신들이 당선만 되면 모든 것을 이룰 것처럼 주장하지만, 막상 당선되면 모른 채 하거나 현실 여건을 들어 유권자들과의 약속을 헌신짝 버리듯 하는 것이 현재의 정치이다.

특정 정치적 목적을 중심으로 한 정당 외에도 지방분권시대에 걸맞게 지방 단위의 소규모 정당도 다양하게 만들어질 수 있다. 예를 들면 '경주문화도시발전당'이라든지, '전북귀농귀촌활성화당' 같은 것들이 만들어질 수 있다.

둘째, 정당 보조금은 의석수 외에 다른 정치적 활동도 반영하여 배분되어야 한다. 국가예산을 들여 제공하는 정당보조금이 현재는 투표에 따른 의석수와 획득한 유권자 수를 기준으로 배분된다. 정당의 목적을 온통 선거에만 집중하도록 만드는 것이다. 정치활동은 선거 외에도 매우 다양하고, 오히려 선거 외의 것들이 국민들에게는 훨씬 중요하다. 정당 기능에 대해서도 일반적으로 ①이익 집약과 표출 기능, ②정부를 조직하고 통제하는 기능, ③정치 충원과 정치 참여 기능, ④정치교육과 계몽 기능, ⑤사회통합과 민주주의 확대 기능 등을 든다.

정당보조금은 정치 발전에 기여할 수 있도록 활용되어야 하고, 정치 발전이란 곧 민주주의의 확대이다.

보조금 기준이 현재와 같이 단순 의석 수를 기준으로 하는 것은 문제가 있다. 정당의 성립과 유지 조건을 대폭 완화하여 선거 외에 다른 정치행위를 목적으로 하는 정당들이 다수 나온다면 이들 정당들도 국고보조금을 받을 수 있도록 해야 한다.

예컨대 특정 정당이 주체가 되어 법안을 발의하였고, 그 법안이 국민투표를 통해 확정되었다면 그 자체가 정치의 발전, 민주주의의 발전으로 평가될 수 있다. 이런 경우 정당보조금이 지급될 수 있도록 해야 한다. 국회의원의 법안발의는 그들의 본연의 임무이기 때문에 국민발의 방식에 비해서는 현저하게 낮은 가점을 주어야 한다. 기타 국민소환이나 국민청원 역시 국민투표로 확정된 경우에는 보조금을 지급하도록 한다. 국민소환이나 국민청원은 잘못 선출된 사람들을 끌어내리거나 국민에게 필요한 정책을 만들도록 하는 것이기 때문에 정치발전과 민주주의 발전에 기여한다. 이런 기여 행위 자체를 높게 평가해야 한다.

국민발의, 국민청원, 국민소환 등의 정치 참여 행위는 다수의 유권자 서명을 필요로 하기 때문에 그 행위에 많은 비용이 소요된다. 좀 더 확대한다면 국민투표로 확정되지 않은 시도 자체에도 보조금을 줄 수도 있겠으나, 그 경우 불필요한 정치 행위가 남발될 우려가 있다.

정당은 국가보조금 외에도 당원들의 당비나 기탁금, 후원금 등을 받아 운영할 수도 있으니, 국민투표로 의결되지 못한 시도들은 행위자들 스스로의 비용 혹은 그 취지에 공감하는 사람들의 후원을 통해 해결하는 것이 바람직하다.

세 번째로는 공직선거법의 개정이다. 공직선거법 중 특히 의석을 가진 원내정당 순서대로 숫자 알파벳 기호를 배정하는 현재의 선거는 공정한 경쟁과 후보자 간의 평등 보장의 원칙을 어기고 기득권 정당에 대단히 유리한 제도이다.

현재와 같은 정당 제도는 민주주의가 성립되고 정착되는 과정에서 자본가 계급과 노동조합을 중심으로 조직화된 노동자 계급의 대립이 일정 반영된 것이다. 이미 시대는 다양한 계층과 집단들로 분화되었고, 정치적 의견 역시 매우 다양해졌다.

국회의원으로 출마하려는 사람들이 자신의 정치적 입장과 신념에 따라 스스로 정당을 만들 수 있고, 그것이 크게 어렵지 않고 기성 정당에 들어가 후보가 되는 것에 비해 크게 불리하지 않도록 하여야 한다. 이렇게 해야 기성 정당이 기득권화되어 정당 자체가 권력화되어 변화와 혁신을 거부하고 낡은 시스템을 유지하는 행태를 방지할 수 있다.

국민투표, 국민발의, 국민소환, 국민청원 등과 같은 국민의 국민에 의한 민주주의는 정치 행위의 주체인 정당의 자유로부터 가능해진다.

5부

권한의
배분과
통제

대통령의
선의

87년의 직선제 개헌 이후 우리는 5년에 한 번씩 대통령을 뽑았다. 대통령들은 국민 다수의 지지를 받아 선출되었다. 모든 대통령들이 임기 초기 지지도는 50%를 상회하였지만, 임기 말에 이르기까지 그 지지율을 유지한 대통령은 한 사람도 없었다. 대체로 지지율 20% 이하로 떨어졌고, 박근혜와 노무현 대통령의 경우는 심지어 10%도 못 미쳤다. 국민들이 대통령을 잘 못 뽑았던 것일까? 이들은 모두 선출될 때는 그럴듯한 말로 국민들을 현혹하고 막상 집권해서는 자신들의 본색을 드러내 사익을 추구했던 것일까?

그렇지는 않을 것이다.

안희정 충남 지사는 "이명박의 4대강, 박근혜의 미르 재단 등의 선의를 믿는다"라는 발언을 한 적 있다. 다수의 지지자들로부터 심하게 비판을 받았던 발언이다.

안희정 지사의 발언은 잘못된 것이 아니었다. 다만 사람의 행위를 결정짓는 것은 욕망 등의 본능도 이성적인 의도와 마찬가지로 중요하다는 점을 간과한 것이다.

대통령직에 올랐던 사람들은 모두 취임선서를 하는 순간 숭고한 감정과 열정으로 가득 차 있었을 것이 틀림없다. 나야말로 정말 사심 없이 국민을 위해 정치를 해 보리라. 제대로 된 정치를 통해 국가를 반석 위에 올려놓겠다는 각오, 자신감 등으로 충만해 있었을 것이다. 그러나 동시에 국가의 최고 권력자에 오른 사람들이 가지고 있는 강렬한 욕망, 예컨대 타인을 지배하고 통제하려는 권력욕 등도 존재한다.

권력욕은 현재에 만족하지 않고, 가능하면 자신의 권력을 확대하고 영속화하려는 것이 본능이다. 이승만, 박정희 대통령의 비극은 바로 그런 욕망 때문에 발행하였다. 노태우, 김영삼, 김대중, 노무현, 이명박 등 역대 대통령 치고 대통령직에서 물러난 후 완벽하게 초야로 들어가 평범한 국민의 한 사람으로 살려 했던 사람은 없었다. 노태우나 김영삼, 김대중의 경우 나이나 국민여론 등 여건이 허락하지 않아서 시도를 하지 못했다. 노무현 대통령은 봉화에 내려갔으나 민주주의 2.0 웹사이트를 개발하는 등 시민의 한사람으로 포장된 강력한 정치적 영향력을 유지하였고 유지하고자 노력하였었다. 이명박 대통령 역시 끊임없이 친이계 정치인들을 발판으로 정권재창출을 시도하고 있다는 의혹을 받기도 하였다.

사람이 가진 이런 본능적 욕망은 막상 당사자 스스로도 잘 인지하지 못한다. 본래 본능이라는 것이 밑바닥에 존재하는 것이고, 자신의 의식 표면에는 항상 선한 의도 혹은 숭고한 감정이 존재한다. 나만은 추악한 욕망이 아닌 선한 의도로 행동하도록 스스로를 속이는 것이 바로 인간 존재의 특징인 것이다.

대통령의 선의나 욕망도 문제이지만, 대통령이 행사할 수 있는 권한과 관련 주변의 욕망도 존재한다.

역대 대통령의 문제는 대통령이라는 사람이 문제가 아니고 제도가 문제였다고 보는 것이 맞다. 미국이나 유럽의 최고 집권자들이 우리나라처럼 권력을 내려놓은 순간이 추하지 않은 이유는 그 사람들이 훌륭해서가 아니고 그들의 오랜 정치역사 속에서 만들어진 다양한 권력 제어 장치들이 있었기 때문이다.

최근 미국을 포함한 선진국들에서도 심각한 최고 권력자 리더십의 문제가 발생하고 있고, 오랫동안 안정적으로 유지되어 왔던 민주주의에 심각한 위기가 생기고 있다. 미국의 대통령 트럼프는 이런 미국 민주주의의 위기 속에서 탄생할 수 있었다.

우리는 더 이상 대통령의 선의를 기대하는 것이 아니라, 권력에 대한 욕망이 가득한 대통령일지라도 감히 국민주권을 유린할 수 없는 새로운 제도를 만들어야 한다.

제왕적 대통령과
세월호 7시간

박근혜 대통령이 국민들의 공분을 사고 끝내 탄핵까지 된 중요한 이유 중 하나가 바로 세월호 참사가 났을 당시, 박근혜 대통령이 그 역할을 제대로 하지 못하였다는 점이다.

지금도 명확히 규명되지 않고 있지만, 이른바 세월호 7시간의 문제이다. 박근혜 대통령 측에서 밝힌 바 있는 '공식 세월호 7시간 행적'을 살펴보면 대통령은 세월호 참사에도 불구하고 외교안보수석실로부터 인도네시아 대통령 방한 시기 재조정 검토와 주한일본대사 오찬 결과를 각각 따로 보고 받았다. 교육문화수석실로부터는 자율형 사립고 관련 보고를 받고 검토하였으며, 최원영 고용복지수석으로부터 기초연금법 국회 협상 진행 관련 긴급보고 등을 받은 것으로 되어 있다. 세월호 관련해서만 보더라도 국가안보실, 외교안보수석실, 해양경찰청, 정무수석실 등과 통화하거나 보고를 받았다.

세월호 침몰이라는 대 참사 앞에서 대통령이 관저에 나오지 않고 사저에서 업무를 보았다는 것은 물론 대단히 심각하고 지탄을 받아 마땅한 일이다. 그러나 박근혜가 아닌 다른 대통령이었고, 관저에 나와 정상적으로 업무를 처리하고 있었다고 해도 그 대통령은 세월호 참사 해결에 집중하지 못하고 수시로 다른 내용을 보고받고 검토하고 업무지시를 해야 한다. 아무리 많은 보좌진이 있어도 결국 최종 결정은 대통령 혼자 내려야 하고 그렇게 하려면 대통령이 그 많은 업무를 파악하고 있어야 하며 진행 과정을 수시로 체크하여야 한다. 1인에게 집중된 권한과 업무는 적절하게 분산되는 것이 맞다.

아래는 우리나라 헌법 조문 중 대통령 권한 및 권한 행사와 관련된 부분만을 뽑아 본 내용이다.

제66조 ① 대통령은 국가의 원수이며, 외국에 대하여 국가를 대표한다.
②대통령은 국가의 독립·영토의 보전·국가의 계속성과 헌법을 수호할 책무를 진다.
③대통령은 조국의 평화적 통일을 위한 성실한 의무를 진다.
④행정권은 대통령을 수반으로 하는 정부에 속한다.

제72조 대통령은 필요하다고 인정할 때에는 외교·국방·통일 기타 국가안위에 관한 중요정책을 국민투표에 붙일 수 있다.

제73조 대통령은 조약을 체결·비준하고, 외교사절을 신임·접수 또는 파견하며, 선전포고와 강화를 한다.

제74조 ① 대통령은 헌법과 법률이 정하는 바에 의하여 국군을 통수한다.

제75조 대통령은 법률에서 구체적으로 범위를 정하여 위임받은 사항과 법률을 집행하기 위하여 필요한 사항에 관하여 대통령령을 발할 수 있다.

제76조 ① 대통령은 내우·외환·천재·지변 또는 중대한 재정·경제상의 위기에 있어서 국가의 안전보장 또는 공공의 안녕질서를 유지하기 위하여 긴급한 조치가 필요하고 국회의 집회를 기다릴 여유가 없을 때에 한하여 최소한으로 필요한 재정·경제상의 처분을 하거나 이에 관하여 법률의 효력을 가지는 명령을 발할 수 있다.

②대통령은 국가의 안위에 관계되는 중대한 교전상태에 있어서 국가를 보위하기 위하여 긴급한 조치가 필요하고 국회의 집회가 불가능한 때에 한하여 법률의 효력을 가지는 명령을 발할 수 있다.

③대통령은 제1항과 제2항의 처분 또는 명령을 한 때에는 지체 없이 국회에 보고하여 그 승인을 얻어야 한다.

④제3항의 승인을 얻지 못한 때에는 그 처분 또는 명령은 그때부터 효력을 상실한다. 이 경우 그 명령에 의하여 개정 또는 폐지되었던 법률은 그 명령이 승인을 얻지 못한 때부터 당연히 효력을 회복한다.

⑤대통령은 제3항과 제4항의 사유를 지체없이 공포하여야 한다.

제77조 ① 대통령은 전시·사변 또는 이에 준하는 국가비상사태에 있어서 병력으로써 군사상의 필요에 응하거나 공공의 안녕질서를 유지할 필요가 있을 때에는 법률이 정하는 바에 의하여 계엄을 선포할 수 있다.

②계엄은 비상계엄과 경비계엄으로 한다.

③비상계엄이 선포된 때에는 법률이 정하는 바에 의하여 영장제도, 언론·출판·집회·결사의 자유, 정부나 법원의 권한에 관하여 특별한 조치를 할 수 있다.

④계엄을 선포한 때에는 대통령은 지체없이 국회에 통고하여야 한다.

⑤국회가 재적의원 과반수의 찬성으로 계엄의 해제를 요구한 때에는 대통령은 이를 해제하여야 한다.

제78조 대통령은 헌법과 법률이 정하는 바에 의하여 공무원을 임면한다.

제79조 ① 대통령은 법률이 정하는 바에 의하여 사면·감형 또는 복권을 명할 수 있다.

②일반사면을 명하려면 국회의 동의를 얻어야 한다.

③사면·감형 및 복권에 관한 사항은 법률로 정한다.

제80조 대통령은 법률이 정하는 바에 의하여 훈장 기타의 영전을 수여한다.

제81조 대통령은 국회에 출석하여 발언하거나 서한으로 의견을 표시할 수 있다.

제82조 대통령의 국법상 행위는 문서로써 하며, 이 문서에는 국무총리와 관계 국무위원이 부서한다. 군사에 관한 것도 또한 같다.

제83조 대통령은 국무총리·국무위원·행정각부의 장 기타 법률이 정하는 공사의 직을 겸할 수 없다.

제84조 대통령은 내란 또는 외환의 죄를 범한 경우를 제외하고는 재직 중 형사상의 소추를 받지 아니한다.

제85조 전직대통령의 신분과 예우에 관하여는 법률로 정한다

한 사람에게 이 모든 권한을 집중하는 것이 맞는 것일까?

첫 번째 드는 의문은 '저렇게 중요한 일들을 대통령 한 사람이 판단하고 결정할 수 있는가'이다. 민간 기업들조차도 일정 규모 이상이 되면 각 부분의 독립성을 부여하는 것이 일반적이다. 하물며 국가 전체를 운영하는 데서 최종 결정권이 대통령이라는 1인에게 집중되어 있는 것은 그 효율성이 극히 떨어지게 된다.

두 번째는 권한이 대통령에게 집중되면서 대통령을 보좌하기 위한 필수 기구로 정부 각 부처와 기관에 대응하는 비서실 조직이 필수적이게 되면서 정부 기구가 옥상옥(지붕 위에 또 지붕을 얹는다는 뜻으로, 불필요하게 이중으로 하는 일을 이르는 말)의 문제가 발생하게 된다. 정부의 장관이 대통령에게 대면 보고하기조차 어려울 정도로 최고 결정권자인 대통령과 각 부처의 행정책임자 사이의 거리가 멀어질 수밖에 없다. 그리고 그 간격의 사이에 청와대 비서실이 자리 잡고 있다.

대통령은 선출직으로 국민의 선택을 받은 사람들이고, 정부 각 부처의 장관들은 국회 인사청문회를 거쳐 일단은 검증된 사람들이다. 청와대 비서실의 수석과 비서관들은 선출직도 아니고, 인사검증도 거치지 않은 채 대통령이 측근을 임명한 사람들에 불과하다. 그런데 실제 행정부의 각 정책들을 지휘 통제하는 것은 사실상 청와대 비서실의 수석비서관, 비서관들이 담당한다. 의사결정권자와 함께 생활하고 의사결정권자가 직접 임명한 자신의 심복들이 바로 비서실이기 때문에 자연히 각 부처의 장관들보다는 비서실에 힘을 실어주는 경향이 강한 것이다.

세 번째는 권한의 집중과 정보 독점 등으로 반민주주의나 부정부패의 온상이 된다. 역대 대통령치고 부정부패에 직간접적으로 연루되지 않았던 사람이 단 한 사람도 없다. 어떤 경우는 본인이 직접 나서기도 하였고, 막상 대통령 개인은 직접 부정부패에 연루되지 않았다고 해도 측근들 비리는 예외 없이 터져 나오고 있다. 대통령으로 모든 권한과 정보가 집중되니 그 길목을 장악한 사람들에게 부정의 기회나 직권 남용의 문제가 생기는 것이다. 심지어는 대통령의 뜻을 빙자하여 검증 불가능한 숨겨진 실세들이 나타나기도 한다.

또한 역대 대통령치고 그 말로가 좋았던 사람은 단 한 명도 없었다. 이승만 대통령은 종신독재를 꿈꾸다가 국민저항에 부닥쳐 해외로 망명하였다. 박정희 대통령 역시 종신독재와 철권통치를 휘두르고 수많은 사람들을 탄압하다가 결국 측근의 손에 숨졌다. 전두환, 노태우 두 대통령은 내란음모와 권력형 부정비리로 사형선고까지 받았다. 김영삼, 김대중 두 야당 출신의 대통령도 예외가 없었다. 많은 국민들이 최소한 부정과는 별 인연이 없을 것으로 믿었던 노무현 대통령조차 비리와 연루되어 수사 도중 스스로 목숨을 끊는 비참한 사태가 발생하였다.

네 번째는 승자독식의 정치 구조로 국민들을 극단적 대결구조로 몰고 간다. 대통령이 되면 직간접적으로 임명할 수 있는 자리만 해도 무려 3만 개 정도나 된다고 한다. 헌법과 법률에 명시된 것만 해도 대단히 많다. 3급 이상 정부부처 고위 공무원으로 장관이 30명, 차관급이 88명, 국실장급 457명, 1~3급 공무원 1121명, 검찰·경찰·소방직 공무원·외무 공무원 등 4807명, 국립대 총장 44명, 각종 자문위원회 위원 약 1200명, 대법관 14명, 헌재 소장과 재판관 9명, 중앙선거관리위원회 위원 3명, 공기업 준정부기관 고위직으로는 한국관광공사, 전력공사, 조폐공사, 철도공사, 마사회 등 17개, 연금관리공단과 주택관리공단 등 준 정부기관 29개 기관장 및 감사 88명, 기타 공공기관으로 서울대병원·산업은행·수출입은행 등 18개, 한국방송공사 사장, 한국은행 총재, 금융통화위원, 뉴스통신진흥회 등이 대통령이 임명하는 자리다.

이러다 보니 대통령 선거 때만 되면 캠프에는 온갖 사람들이 다 몰려든다. 대통령 선거캠프에서는 활동하면서 급여를 받는 경우가 거의 없다. 모두 대통령 당선 후 자리나 이권을 염두에 두고 있는 경우가 많은 것이다. 이렇게 치열하게 선거를 치르고 나면 승자는 모든 것을 독식하게 되고, 패자들은 또 다시 5년 후를 겨냥하여 절치부심하게 된다. 국가는 갈라지고 국민들도 덩달아 나눠지게 된다.

헌법 기관은
국민의 손으로

우리나라 헌법기관 중 국민이 직접 선출하는 자리는 대통령과 국회의원뿐이다. 헌법기관은 헌법의 규정에 따라 설치된 국가기관으로 법률이나 대통령의 명령으로 임의로 폐지할 수 없다. 그만큼 국가 운영에 필수적이고 중요한 직위라는 의미이기도 하고, 헌법기관은 주권자인 국민의 권리를 대신한다는 의미도 갖고 있다.

제왕적 대통령의 권한을 통제하는 중요한 방법 중 하나가 권한의 분산이다. 현재는 헌법기관의 대부분을 대통령이 임명하도록 되어 있다. 이렇게 되면 대통령에게 주어진 권한 자체가 지나치게 크다는 문제가 발생한다. 뿐만 아니라 헌법기관이 국민만 바라보고 본연의 임무를 수행하기보다는 아무래도 임명권자인 대통령의 뜻을 따를 가능성이 크다.

헌법기관 중 감사원은 국가의 세입·세출의 결산, 국가 및 법률이 정한 단체의 회계검사와 행정기관 및 공무원의 직무에 관한 감찰을 하기 위하여 대통령 소속하에 두도록 되어 있다(제97조). 감사원은 국가 및 정부 각 기관의 예산 및 직무에 대한 감찰을 목적으로 하고 있다. 그런데 정부 및 각 기관의 최고 수장은 바로 행정부의 수반의 지위를 갖고 있는 대통령이다. 대통령도 감사원의 감찰 대상이 된다. 그런데 감사원장 및 감사위원들은 모두 대통령이 임명하도록 되어 있다. 감사원의 본래 목적을 충실하게 수행하기 어려운 구조인 것이다.

감사원은 원장을 포함한 5인 이상 11인 이하의 감사위원으로 구성하도록 되어 있고, 원장은 국회의 동의를 얻어 대통령이 임명하고 감사위원은 원장의 제청으로 대통령이 임명한다(제98조). 국회의 동의라는 절차가 필요하도록 규정되어 있어 3권 분립의 원칙에 입각한 견제가 가능하도록 되어 있지만, 그보다는 감사원장은 대통령 선거와 함께 국민이 직접 선출하도록 하는 것이 민주주의의 원칙과 감사원의 목적에 더 부합한다. 감사위원은 감사원장이 국회의 동의를 얻어 임명하도록 하면 된다.

선거관리위원회도 헌법기관이다. 선거관리위원회는 선거와 국민투표의 공정한 관리 및 정당에 관한 사무를 처리하기 위하여 만들어졌다(헌법 제114조 1항). 선거관리위원회 중 중앙선거관리위원회는 대통령이 임명하는 3인, 국회에서 선출하는 3인과 대법원장이 지명하는

3인의 위원으로 구성한다. 위원장은 위원 중에서 호선한다(헌법 제114조 2항). 선거관리야말로 민주주의 정치에서 가장 공정하고 객관적이어야 한다. 그런데 선거관리위원회의 구성은 대통령이 임명하는 3인과 대통령에 의해 임명된 대법원장이 지명하는 3인, 그리고 집권당이 주도하는 경우가 많은 국회 3인으로 구성된다.

당연히 현직 대통령의 뜻이 선거관리위원회에 미칠 수밖에 없는 구조이다. 대통령이 굳이 선거와 국민투표의 공정한 관리와 정당에 관한 사무라는 정치중립적인 사안에까지 관심을 쓸 이유가 있을까?

선거관리위원회를 명실상부하게 독립기관으로 그 위원장은 국민이 직접 선출하게 해야 한다. 선거관리위원장을 제외한 나머지 8명의 위원은 사법부에서 4인의 추천을 받고, 국회에서 4인의 추천을 받아 선거관리위원장이 임명하면 된다.

현행 헌법의 큰 문제 중 하나는 3권 분립의 원칙에도 불구하고 법원의 임명권을 대통령이 행사하고 있다는 점이다. 우리나라 법원은 입법 행정 사법 중 사법권을 행사하고 있다(헌법 101조). 사법부는 헌법과 법률에 의하여 그 양심에 따라 독립하여 심판한다(헌법 제103조). 여기서 독립이란 의미는 무엇일까? 다른 권력의 영향을 받아 무죄를 유죄로 유죄를 무죄로 처리하거나 혹은 양형에서 축소 혹은 확대해서는 안 된다는 의미이다. 본래 사법부는 중세 때부터 군왕으로부터의 독립을 가장 중요시하였다.

군왕이 없는 우리 시대에 사법부에 영향을 미칠 수 있는 가장 큰 권력은 무엇일까? 아마도 공공연하고 뻔뻔스럽게 표현되는 전관예우라는 말에서 드러나듯 동종 업계 출신 변호사가 재판에 가장 큰 영향을 미칠 것이다. 전관예우는 시급히 개선되어야 할 사법부의 악성 비리이고 국민의 권리를 침해하는 심각한 문제이다. 이 문제의 해결은 법관들 스스로의 결단과 법원 최고 수뇌부의 의지에 달려 있을 것이다.

전관예우를 제외하고 사법부의 판단에 영향을 미칠 수 있는 그 다음 권력은 역시 중세 시대의 군왕의 지위를 갖고 있는 대통령일 것이다. 대통령은 그 자체로 막강한 권력을 갖고 있다. 여기에 더해 현재 우리 헌법처럼 대법원장과 대법관 역시 대통령이 임명(헌법 제104조)할 수 있게 된다면 정치적 재판에서 대통령의 영향은 알게 모르게 있을 수밖에 없다. 물론 과거 군부독재와는 달리 많은 국민들은 사법부가 정권으로부터 독립적인 재판을 한다는 것에 대해서 대체로 신뢰를 보내고 있다. 그렇다면 3권분립이라는 본래의 취지에도 부합하도록 대법원장 역시 국민이 직접 선출하도록 하는 것이 맞지 않을까? 물론 대법원장은 사법적 지식이 필수적인 자리이므로 변호사나 판검사 등의 직을 경험한 사람으로 한정하여 출마가 가능하게 하는 등의 제한이 필요할 수는 있다.

대법관은 국회의 동의를 받아 대법원장이 임명하고, 나머지 법관들은 대법관회의를 통해 대법원장이 임명한다.

헌법 제101조 1항에는 사법권은 법관으로 구성된 법원에 속한다. 사법권이란 재판에 대한 권리로 민사, 형사, 행정으로 구분된다. 사법은 해당 분야에 대한 법률 지식이 필요한 분야이다. 그러나 동시에 판결은 해당 시대의 국민감정과 정서를 반영하기도 한다. '유전무죄 무전유죄'라는 말이 있다. 재벌들과 고위층에 대한 사법부의 판결은 갖은 이유를 달고 솜방망이 처벌로 끝나는 경우가 많았다. 전관예우라는 괴상하고 뻔뻔스러운 용어가 존재하듯 전직 검사 혹은 판사 출신 변호사들이 맡은 사건들은 다른 사건에 비해 무죄나 혹은 가벼운 처벌이 내려지는 것이 대한민국의 상식이다. 그렇지 않다면 막대한 비용을 들여 전관 변호사들을 쓰려고 하겠는가?

법관들이 언제나 항상 법률에 따라 양심적으로 재판하는 것이라고는 도저히 믿기가 어려운 경우가 종종 있다. 이런 이유로 많은 나라들에서는 배심원제도 등을 통해 국민참여 심판을 강화하는 추세이다. 물론 우리나라도 2008년부터 형사재판에 한해 배심원 예비 배심원으로 참여하는 제도가 만들어지긴 했으나, 형사 재판에 한하여 진행되고 배심원들의 결정이 법원에 구속력을 갖지 못하여 선진국의 배심원 제도에 비해서는 아직 많은 한계가 존재한다.

헌법재판소는 법관 중에서 임명되고 사법적 절차에 의해 헌법에 정해진 심판을 담당하지만 사법부 소속이 아닌 별도의 기관이다. 우리나라의 헌법재판소는 1987년 헌법에서 도입되었고, 1988년 최초로 구성되었다.

헌법재판소는 법률의 위헌여부 심판, 탄핵 심판, 정당 해산 심판, 국가기관 상호간, 국가기관과 지방자치단체 간 및 지방자치단체 상호간의 권한쟁의에 관한 심판, 법률이 정하는 헌법소원에 관한 심판을 담당하며(헌법 111조 1항), 법관의 자격을 가진 자 중에서 대통령과 국회 및 대법원장이 각기 3인씩 선임하는 9인의 재판관으로 구성된다(111조 2~3항). 헌법재판소의 장은 국회의 동의를 얻어 재판관 중에서 대통령이 임명한다(111조 4항).

앞에서 다룬 것처럼 정당의 강제 해산은 현재와 같은 방식으로 진행되어서는 안 된다. 탄핵 역시 국민의 손에 의해 최종 결정되도록 하여야 한다. 이렇게 2가지 심판 사항을 빼면 헌법재판소는 명실상부한 최고의 실정법 규범인 헌법에 관한 분쟁만을 전담하는 기관이 된다.

대법원장이 사법부 전체에 대한 임명을 포함한 행정적 총괄을 담당한다면, 헌법재판소장은 헌법적 분쟁 심판 역할을 담당한다. 이런 측면을 감안하면 헌법재판소장을 포함한 헌법재판관들을 국민이 선출하는 실익은 별로 없다고 볼 수 있다. 또 헌법재판관들은 헌법과 법률의 관계를 다루는 역할을 담당하기 때문에 매우 전문성이 높은 사람들로 구성되는 것이 바람직하다.

헌법재판소가 현행과 같은 9명으로 구성되는 것을 전제로 3명은 국회에서 추천하고, 3명은 대법관회의에서 추천하며, 나머지 3명은 이들 국회와 대법관회의에서 추천한 헌재재판관 6명이 추천하여 정하도록 하는 방안을 생각해볼 수 있다. 이렇게 했을 경우 헌재는 대통령의 영향으로부터 완전하게 벗어나 독립된 특별재판소로서의 기능을 제대로 수행할 수 있을 것이다.

검찰청은 법무부 소속으로, 현재는 헌법기관이 아니다. 그러나 대한민국 국민들 중에서 검찰이 무소불위의 권력기관인 것을 모르는 사람은 없다. 검찰과 관련하여 정치적 중립을 어떻게 지키도록 할 것인가? 검찰 권력을 어떻게 통제하여야 하는가를 둘러싸고 대단히 많은 쟁점들이 존재한다. 우리나라 검찰에 대한 문제제기는 청와대 민정수석실과 법무부장관의 지휘를 통한 정치적 중립성 유지, 수사권과 공소유지의 양대 권한을 독점하고 있는 문제, 검찰의 기소독점권 등이다.

이런 문제들을 해결하기 위해 다양한 해결 방안들이 제시되고 있다. 검찰 권력을 통제하기 위한 검찰을 포함한 고위 공직자의 수사의 기소를 전담할 고위공직자수사처(공수처)의 신설, 수사권을 경찰에 이관하는 방안, 검찰 총장의 임기제, 기소권에 대한 국민들의 참여 등이 대표적이다.

이중 무엇보다도 시급하고 우선적인 것은 검찰의 정치적 중립성과 권력으로부터의 독립성 유지이다. 이를 위해 현재 우리나라 검찰청법에는 대검찰청에 검찰총장 직제를 두고 검찰총장의 임기는 2년으로 하며 중임할 수 없도록 되어 있는 조항(검찰청법 제12조)과 법무부장관이 검찰사무의 최고 감독자로서 일반적으로 검사를 지휘 감독하고 구체적 사건에 대하여는 검찰총장만을 지휘 감독한다(제8조)라는 2개의 조항을 두고 있다. 그러나 이 2개의 조항으로 검찰의 정치적 중립성 및 독립성이 유지될 수 있다고 믿는 사람은 없을 것이다. 실제로 우리나라 검찰은 대통령의 임기 초반과 임기 후반 완전히 다른 모습으로 변신한다. 임기 초반은 민정수석실의 통제에 따라 정적을 향하여 검사의 칼날이 휘둘러지고, 임기 후반은 차기 대통령을 염두에 두고 검찰권이 행사되고 있다.

검찰의 정치적 중립 및 독립성 유지를 위해서는 검찰을 법무부로부터 독립시켜 헌법기관으로 격상하고 검찰총장을 국민의 손으로 직접 뽑게 해야 한다.

효율적인
정부

2016년 2월 7일 일요일 오전 9시 30분 북한에서는 광명성 2호 인공위성을 발사하였다. 한 달 전인 1월 6일에는 북한의 4차 핵실험이 있었다. 국제정세가 요동치고 남북관계가 대결로 치달았다. 2016년 2월 10일 오전 갑작스런 개성공단 전면중단 발표가 있었다. 이날은 설날 연휴의 마지막 날이었다. 개성공단에는 우리 기업 약 120여개 업체가 진출하여 남측 근로자가 800명 가량 근무하고 있었고, 북측 근로자도 5만 명 정도가 일하고 있었다.

개성공단의 전면 중단으로 1차적으로는 입주 기업들과 유관 기업들이 큰 피해를 입게 되었다. 최후의 보루로 여겨졌던 개성공단이 폐쇄되면서 남북관계는 극단적 대결로 치닫게 되었다.

개성공단의 폐쇄는 그 자체도 문제이지만, 결정 과정 역시 매우 심각하였다. 개성공단 폐쇄 외에도 사드배치, 일본군위안부 관련 한일

합의, 한일군사정보보호협정, 담뱃값 인상 등 많은 결정들이 사전에 전혀 국민이나 관련 당사자들, 심지어는 정부 내 유관부처의 의견 수렴도 없이 대통령의 결단에 의해 이뤄졌다. 이들 정책 중 일부는 심지어는 대통령의 40년 지기 민간인 최순실의 판단과 조언에 따른 것으로 알려졌다.

박근혜 대통령의 탄핵을 계기로 현재 우리나라에서는 제왕적 대통령제의 문제를 해결하기 위해 개헌논란이 진행 중이다. 대통령의 권한 분산에 초점을 맞춰 논의되는 내용으로 이른바 이원집정부제가 있다. 이원집정부제는 대통령중심제와 의원내각제를 혼합한 개념으로 어느 쪽 제도를 강조하는가에 따라 다양한 유형이 나올 수 있다.

대체로 대통령은 현재처럼 국민이 직접 선출하여 국가 원수로서의 지위를 맡도록 하고, 총리는 국회에서 선출하여 행정부의 수반의 지위를 맡도록 하는 방안이다. 내란이나 전쟁 등과 같은 비상시에는 대통령이 전권을 행사한다.

이원집정부제가 대통령과 총리로 권한을 분산하는 장점이 있긴 하지만, 여전히 현행 대통령제의 문제는 그대로 남는다. 또 국가원수와 행정부 수반이라는 이원집정부제에 대해서 반대하는 의견들도 많다. 분단 현실에서 전세계에서 보기 드물 정도의 군사적 긴장이 높은 지역인 우리나라에서 최고 권력이 둘로 나눠진다는 것을 문제로 지적하기도 하고, 또 현재와 같은 정당제도 하에서 대통령과 총리가 같은 당인 경우에도 문제이고, 여야로 나뉘어도 문제라는 지적도 있다.

총수 1인에 의해 지배되는 것으로 비판받는 2013년 삼성전자를 한 번 살펴보자. 삼성전자는 3명의 대표이사가 각각 모바일, 가전, 디바이스 솔루션의 3대 부문을 독립적으로 이끈다. 주식회사에서 대표이사는 기업을 대표하여 독립적으로 의사결정을 내릴 수 있는 권한을 갖고 있다. 3대 부문의 하부 조직 역시 메모리사업부, 시스템SI사업부, LED사업부, 영상디스플레이 사업부, 생활가전사업부, 의료기기사업부, 프린팅솔루션사업부, 무선사업부, 네트워크사업부, 미디어솔루션센터 등을 사장 혹은 부사장급 임원들이 책임지고 있다. 사장급 임원들은 이사회를 통해 결정된 연도별 사업계획에 따라 자기 단위의 사업에 대해서는 독립된 의사결정 권한을 행사한다. 각 부문별 대표이사나 사장급 임원들은 경력과 실적을 통해 해당 분야에 대한 전문성과 경영능력이 검증된 사람들이 선임된다. 임기도 특별한 상황이 발생하지 않는 한 대체로 이사회에서 정한 기준이 보장된다.

대한민국 정부는 삼성전자와 비교도 되지 않을 정도의 방대한 조직이다. 또한 정부를 구성하는 각 부처는 국민생활과 밀접하게 관련되어 있고 매우 복잡한 문제들을 처리해야 하는 곳이다. 그런데 그런 부처의 장관들이 적절한 인물들로 채워져 있고 제 역할을 하고 있는 것일까?

한 연구에 따르면 우리나라 장관의 재임기간은 평균 13.32개월이었다고 한다. 전두환 정부가 17.79개월, 노태우 정부 13.02개월, 김영삼 정부 11.64개월, 김대중 정부 10.77개월이었다. 미국은 평균 35개월이다. 서유럽 16개 국가의 35년(1945~1980) 동안 재임한 장관의 평균기간을 조사한 결과에 따르면 4.5년이다.

우리나라의 장관 재임기간은 일단 다른 나라에 비해 현저하게 짧다. 장차관 직이 해당 부처의 업무의 지휘통솔보다는 대통령 선거 과정에서 도움 받은 사람들에 대한 보은의 성격으로 사용되기 때문이다. 역대 대통령치고 장차관 인사와 관련하여 비난받지 않은 사람들이 없고, 장차관 후보 중 인사청문회 때마다 논란이 되지 않은 경우가 별로 없다. 전문성이나 정치적 자질, 도덕성 등은 국민의 눈에는 한참 부족한 경우가 많았다.

국가를 대표할 수 있는 최고 권력자는 가능하면 국민이 직접 선출하는 것이 맞다. 그렇기 때문에 나는 국회에서 선출하는 총리와 국민이 선출하는 대통령이 권한을 분점하는 것은 타당하지 않다고 생각한다. 다만, 대통령에게 집중된 권력은 분산할 필요가 있다.

스위스에서는 7명의 각료를 국민이 선출하고 7명의 각료가 돌아가면서 대통령직을 맡는다. 스위스가 저런 제도를 택할 수 있는 것은 영세중립국으로 상대적으로 안보의 위협이 덜하기 때문이다. 분단된 조건에 있는 우리나라가 스위스와 같은 방법을 택하기는 어렵지만, 이를 참고하여 우리나라에 맞는 대통령 권한분산 방법을 제안한다.

1명의 외교 안보 대통령,
1명의 경제 부통령, 5명의 분야별 총리

헌법상 우리나라 대통령의 지위는 크게 2가지이다. 하나는 국가의 원수이며, 외국에 대하여 국가를 대표하는 지위이다(헌법 제66조 1항). 이 지위에 근거하여 대통령은 국가의 독립·영토의 보전·국가의 계속성과 헌법을 수호할 책무(헌법 제66조 2항)와 조국의 평화적 통일을 위한 성실한 의무(헌법 제66조 3항)를 진다. 대통령의 또 다른 지위는 행정권을 행사하는 정부의 수반이다(헌법 제66조 4항). 이 2가지 지위를 분리하여 대통령은 국가수반으로서 외치, 안보 등에 집중하도록 하여야 한다.

국가원수로서의 지위와 역할과 관련하여 정부 기관 중 대통령비서실, 국가안보실, 대통령경호실, 국가정보원과 외교부, 통일부, 법무부, 국방부는 대통령이 임명하고 대통령으로부터 업무보고 및 지시를 받도록 한다.

이 중 대통령비서실은 조직과 인력을 대폭 축소하여 현재의 국무총리 비서실 정도의 규모로 운영한다. 대통령경호실 역시 그 규모를 줄일 필요가 있다.

국가정보원은 중앙정보부로부터 시작하여 안기부를 거쳐 현재에 이를 때까지 국민들 속에서 비난을 받아 온 대표적인 권력기관이다. 그러나 국가정보원은 한 국가가 스스로를 지키고 유지해나가기 위해서 없어서는 안 될 기관이다.

국가정보원이 문제가 되었던 것은 기관의 책임자들 스스로가 국정원법을 어겼던 것이 문제이다. 국정원법 제9조에는 국정원장 및 소속 직원들의 정치 관여 금지에 대하여 세부적인 규정이 존재한다. 9조 1항에 따라 원장·차장과 그 밖의 직원은 정당이나 정치단체에 가입하거나 정치활동에 관여하는 행위를 하여서는 아니 된다(제9조 1항). 2012년 대선 당시 국정원 어론조작과 관련 원세훈 국정원장이 이 조항에 근거하여 처벌받은 바 있다. 9조 3항에는 또 직원은 원장, 차장과 그 밖의 다른 직원으로부터 제2항에 해당하는 행위의 집행을 지시 받은 경우 원장이 정한 절차에 따라 이의를 제기할 수 있으며, 시정되지 않을 경우 그 직무의 집행을 거부할 수 있다고 되어 있으며, 9조 4항에는 내부고발자에 대한 보호 조치가 담겨 있다. 국정원이 정치에 개입하는 이유는 사실 최고 권력자인 대통령의 의지와 관련되어 있다.

국정원은 국가의 존립과 안보에 필수적인 기관이라는 점, 그리고 세계 무대에서의 치열한 경쟁 속에서 눈에 잘 보이지는 않지만 국가에 꼭 필요한 업무를 수행하는 기관으로 발전해가야 한다고 생각한다.

정부 부서 중 외교부와 통일부, 국방부는 외교안보 관련 부서들이다. 이들 정부 부서는 대통령의 지휘와 책임 하에 통일성을 가질 필요가 있는 곳들이다.

기획재정부는 국가 예산의 수립 및 집행과 관련된 부서로 현재 경제부총리를 겸임하고 있다. 기획재정부는 나머지 부서들과 예산을 기반으로 정책 조율 등을 담당해야 하는 정무적 성격이 강한 곳이며 특히 국민의 세금과 관련된 부서로서 가장 민의가 반영되어야 하는 곳이다. 대통령과 러닝메이트 방식으로 부통령을 선출하고 부통령이 직접 기획재정부를 총괄하도록 한다. 부통령은 대통령 유고시 대통령 권한 대행도 겸임하도록 한다.

교육부, 미래창조과학부, 행정자치부, 문화체육관광부, 농림축산식품부, 산업통상자원부, 보건복지부, 환경부, 고용노동부, 여성가족부, 국토 교통부, 해양수산부는 유사 기관끼리 통폐합하여 총리로 운영한다.

농림축산식품부와 해양수산부는 1차 산업으로 국민경제에서 상대적으로 약자의 위치로 정부의 정책적 지원이 필요한 부서이다. 이 2개의 부서를 하나로 통합하여 농수산부로 합한다.

보건복지부와 여성가족부와 고용노동부, 환경부는 사회적 약자의 보호 및 복지와 사회 공동체의 공동이익이라는 점에서 공통성이 있다. 이 4개의 부서를 합하여 사회환경부로 합한다.

　행정자치부와 국토 교통부 역시 하나로 합하여 행정교통부로 통합한다.

　산업통상자원부와 미래창조과학부는 모두 경제발전과 관련된 공통점이 있다. 이 2개의 부서는 통합하여 산업과학부로 한다.

　교육부는 현재도 교육부총리로 각 지자체의 교육청과 연계 문제 등이 있으니 현재와 같이 유지한다.

　이렇게 하면 농수산부, 사회환경부, 행정교통부, 산업과학부, 교육부 총 5개의 부서로 통합될 수 있다. 이 5개 부서는 헌법기관으로 바꾸고 그 지위를 격상시켜 최고 책임자는 총리급으로 하며 대통령과 함께 선거로 선출하도록 한다.

권한의
분산과 협력

정리해보면 현재 대통령 1인을 선출하고 그에게 모든 권한이 집중되어 있는 구조가 총 11명의 대통령, 부통령, 5명의 총리, 감사원장, 검찰총장, 선거관리위원장, 대법원장으로 분산된다.

국민에 의해 선출된 감사원장과 검찰총장, 선거관리원장과 대법원장은 중립적 기관으로 각 기관의 역할을 공정하게 수행할 수 있게 된다. 물론 대통령이라는 막강한 권한을 정부 기관 내에서 견제할 수도 있다. 더 이상 권력의 남용과 부정부패는 사라질 가능성이 크다.

5명의 각 분야별 총리를 국민들이 직접 선출한다면 정부의 일하는 모습도 크게 달라지게 된다. 현재는 대통령이 어떤 정책을 추진할 경우 최종 이사결정권자인 대통령과 실제 집행자들인 공무원들 사이에 지나치게 많은 단계가 존재한다. 불필요한 개입을 최소화하더라도 현행 헌법과 법률에 정해진 대로 운영된다고 해도 부처 내 최고 책임자인 장관, 청와대의 비서관 및 수석비서관, 그리고 대통령까지 총 3단계가 존재한다.

부처 내 최고 책임자인 장관은 대통령이 임명한 외부인으로 언제 떠날지 모르는 사람으로 여겨진다. 대통령은 거리가 너무 멀어 공무원들이 일을 잘하는지 제대로 하는지 알 수 없고, 공무원들 역시 그다지 신경쓰지 않는다. 자연스럽게 공무원들을 대표하는 복지부동이 대세일 수밖에 없는 구조이다.

만일 부처 내 최고 책임자인 장관(총리)이 최종 결정권자이고 그 사람이 국민의 손에 의해 직접 선출되었으며 임기가 보장되어 있다면 공무원들은 의욕적으로 정책을 낼 수도 있고, 정해진 업무를 보다 창의적이고 헌신적으로 일을 하게 할 수 있다.

공무원들의 이런 변화보다 더 중요한 것이 각 부처가 본래의 기관 성격에 맞는 일을 국민의 뜻을 받들어가면서 할 수 있게 된다는 점이다. 지금은 노동부 장관은 노동 탄압부로, 통일부는 분단부로 부처의 고유 목적과는 전혀 관계없는 사람들이 장관으로 내려오는 경우가 많다. 문화체육관광부 장관은 문화체육관광을 진흥시키기보다는 구시대적 블랙리스트로 문화 사업을 위축시키는 역할을 했다.

대통령과 부통령, 그리고 5명의 총리 형태로 권한을 분산시키는 것에 대해 반대하는 의견도 있을 수 있다. 무엇보다도 정부의 업무라는 것이 서로가 긴밀하게 연관되어야 하는데 이런 연계가 잘될 것인가의 우려가 있다. 또 권한에 따른 책임 소재를 누구에게 물을 것인가의 문제도 있을 수 있다. 또 선출직 상호간의 의견 차이로 인해 정책 집행이 어려워진다는 문제도 있을 수 있다.

나의 제안은 대통령과 부통령을 러닝메이트로 해서 하나의 정당에서 나오도록 하고 대통령은 외치와 국방을 중심으로 하고, 부통령은 기획재정부를 총괄하면서 내치 전반을 통합하는 역할을 하게 된다. 각 부의 선출직 총리들은 해당 부의 정책 목표를 내세우고 해당 부의 정책 수립 및 집행에 관한 권한과 책임을 가지고 국민의 선택에 의해 선출된다. 그러나 이들 선출직 총리들은 반드시 기획재정부를 맡고 있는 부통령과 업무 협력을 필수로 한다. 정책 집행에서 예산은 필수적이고 예산계획의 수립 및 집행은 기획재정부 소관이기 때문이다. 그렇기 때문에 특정 부의 정책 수립은 반드시 계획 단계에서 행정부 차원에서의 조율과 협의가 일차적으로 요구된다. 만일 행정부 차원에서 협의에 실패하였을 경우에도 국회에서의 결정이라는 단계가 있기 때문에 최종적으로 국회의 예산편성 과정에서 또 한 번의 조율과 협의를 거치면 된다. 국회는 정부예산에 대한 증감, 수정의 권한이 있으므로 만일 기획재정부 부통령과 특정 부의 총리의 협의가 이뤄지지 않았을 경우에는 국회가 최종 결정하도록 하면 된다.

사후 집행에서는 대체로 예산 계획에 근거하기 때문에 큰 문제가 없을 것이고, 만일 발생한다 하더라도 일차적으로는 행정부 내부에서의 조율과 협의를 거치고 그래도 안 되면 국회나 기타 사법부 등의 판단에 맡기면 된다.

　정책의 최종 책임은 부를 맡고 있는 총리가 될 수도 있고, 기획재정부를 총괄하는 부통령이 될 수도 있다. 혹은 2개 이상의 부가 협력해야 할 사안이라면 각 부의 수장이 공동 책임을 져야 할 수도 있다. 이에 대해서는 국회와 사법부, 선출권자인 국민이 최종 판단을 내리면 된다.

월급은
누가 주는가?

대한민국 국회의원이 누리는 특권은 한때 무려 200여 가지에 달할 정도로 대단하였다. 국회의원들의 이런 특권에 대해 국민여론이 따가워지면서 19대 국회에서는 철도 선박과 항공기무료 혜택 등을 포함하여 의원연금 제도 폐지 등과 같은 일부 특권들을 삭제하였다.

회기중 불체포 특권과 관련해서도 '의원체포동의안'이 상정된 지 72시간이 지나면 자동폐기되도록 했던 기존의 국회법을 개정하였다. 개정된 법률에 따르면 의원체포동의안이 72시간이 지난 후 표결되지 않으면 자동 폐기되는 것이 아니라, 다음 본 회의 때 자동 상정하여 표결하도록 바뀌었다.

그러나 국민정서와 관련 가장 중요한 국회의원 보수와 관련해서는 전혀 개선되지 않았다. 국회의원이 되면 한 해에 1억 3,796만 원

(2014년 기준)의 세비를 받는다. 국회의원의 세비는 '국회의원수당 등에 관한 법률'에 근거하여 지급된다. 제1조에는 '이 법은 국민에게 봉사하는 국회의원의 직무활동과 품위유지에 필요한 최소한의 실비를 보전하기 위한 수당 등에 관한 사항을 규정함을 목적으로 한다'고 되어 있다. 과연 이 금액이 최소한의 실비인가? 누구도 한 해 1억 3,796만 원이 최소한의 실비라고 평가하지는 못할 것이다.

다른 나라와 비교해서도 지나치게 높다. 국회사무처에서는 미국 약 1억9,488만 원, 일본 약 2억3,698만 원, 독일 1억4,754만 원으로 우리나라 국회의원의 세비가 선진국에 비해서 높지 않다고 주장하는 자료를 펴낸 적이 있다.

그러나 국회의원 세비를 각국의 경제상황과 관계없이 절대적 수치만 가지고 비교하는 것은 문제가 있다. 1인당 국민총생산 대비 세비를 비교해볼 필요가 있다. 대체로 OEDC 선진국들은 1인당 국민총생산의 2~3배 수준이다. 우리나라는 5.6배이다. 선진국에 비해 두 배이상 높은 세비를 받는 셈이다. 선진국 수준에 맞춰 세비를 책정한다면 우리나라의 경우 7,000~8,000만 원 수준이면 된다. 이 정도면 대체로 우리 사회 중간 이상의 급여생활자로 지나치게 기득권화되어 있다는 비판도 받지 않고, 받는 사람들도 너무 적다는 자괴감도 들지 않을 정도의 수준이다. 국회의원과 비슷한 수준의 대법관 연봉과 비교해도 현재 세비가 지나치게 높다는 것을 알 수 있다.

세비의 문제는 물론 국민세금으로 지출되는 예산 절감의 문제이기도 하지만, 그 이상의 중요한 의미를 지니고 있다. 연봉 1억을 훌쩍 넘게 받는다면 이 연봉 수준은 국회의원들의 심리에도 적지 않은 영향을 미치게 된다. 우리나라에서 연봉 1억이 넘는 사람들은 대기업체의 임원급이나 고소득 자영업자 수준이다. 스스로를 뭔가 대단한 사람, 특권을 부여받은 사람으로 인식하게 만들 가능성이 크다. 만일 세비가 국민총생산의 2~3배 수준인 7,000~8,000으로 낮춰진다면 국회의원들은 그냥 고액 급여를 받는 봉급생활자 수준 정도이다.

　세비와 관련 또 하나의 문제는 받는 사람들인 국회의원들이 스스로의 세비 수준을 결정한다는 점이다. 국민의 세금으로 지출되는 급여를 받는 사람들이 결정한다는 것은 뭔가 문제가 있다. 국회의원의 세비를 1인당 GDP의 1.5배 정도에서 고정시키는 것도 한 방법이 될 수 있다.

　게다가 우리나라 국회의원은 급여 성격의 세비 외에도 받는 돈들이 많다. 국회의원 수당 등에 관한 법률 제6조의 입법활동비(입법기초자료의 수집 연구 등 입법활동을 위한 비용으로 매월 지급받는다), 법률 제7조 특별활동비(회기 중 입법 활동을 특히 지원하기 위한 비용으로 정해진 금액에 회기일수를 곱하여 산출하고 회기 중 지급한다), 법률 제7조의 2 입법 및 정책개발비(국회의원의 입법 및 정책개발 활동 지원을 목적으로 국회의원과 각 교섭단체대표의원의 협의하여 결정), 법률 제8조 여비(공무로 여행할 때 지급하고 그 기준은 국회 규칙으로 정한다) 등이 추가로 지급된다.

　금액의 높고 낮음을 떠나 법령으로 정해진 명목이 너무 졸렬하다는 생각이다. 세비는 국회의원이 자신의 임무를 수행하는 대가로 보는 것이 맞고 국회의원의 임무는 바로 입법활동에 있다. 그런데 세비 외에 별도의 입법활동비가 주어지는 것도 우습고, 게다가 또 회기중에는 특별활동비를 추가 지급하며 별도로 입법 및 정책개발비가 주어진다. 만약 정 이런 명목의 지원이 필요하다면 일반 기업들이나 관공서에서 하듯 정액으로 급여 형태로 의원 개개인에게 지급하기보다는 의원실에서 실비 형태로 실제 사용한 금액을 지급하는 방식을 택하는 것이 타당하다. 게다가 이미 이런 식의 입법활동비 등은 국회의 예산에 반영되어 다양한 방식으로 지원되는 것으로 알고 있다.

　세비 지급 방식도 변경할 필요가 있다. 국회의원은 국민의 대리인으로 국가의 틀을 짜는 입법활동을 주 임무로 하고, 기타 예산 심의, 인사청문회, 국정조사 등을 통해 행정부의 정책 집행을 감시 견제하는 기능을 담당한다. 그런데 국회의원들 중 임기 내 법안 한 건 제대로 발의하지도 않고 세비를 받아가는 경우가 있다. 인사청문회나 국정조사에 출석률도 다선일수록 줄어드는 경향이 있다. 국회의원들의 활동을 투명하게 공개하고 실적을 평가하여 세비도 차등으로 지급하는 것을 고려해볼 필요가 있다.

　그래도 국민의 대표인데, 월급 가지고 통제한다고 좀 심하다고 볼 수도 있다. 그러나 사람은 누구나 비슷하다. 월급은 단순히 많고 적음이 아니고 자신이 업무를 성실하게 수행했는지 아닌지를 평가하는 지표가 된다. 해마다 시민단체 등에서 다양하게 우수의정활동 의원을 선정하기도 하고, 선거 때는 의원활동 지표도 공개하곤 하지만 막상 의원들이 그런 평가에 민감하게 반응하지는 않는다. 그런데 막상 성과를 측정하여 세비를 차등 지급한다면 어떻게 될까?

기준은 누구나 공감할 수 있는 지표로 최대한 단순화한다. 예컨대 회기 중 출석율을 기본으로 입법발의건수 정도를 추가한다면 최소한 회기중 텅빈 국회의 모습은 더 이상 보지 않아도 될 것이다.

의원들의 마음가짐도 달라질 것이다. 지금은 일단 당선되면 누구의 간섭도 받지 않고 국회의원으로서의 모든 권리를 맘껏 누린다. 그런데 매달 받는 급여가 자신의 활동 여부에 따라 차등이 생긴다면 스스로 의정활동을 대하는 마음가짐도 조금은 달라질 수 있을 것이다.

작고 사소해보이지만, 사실 급여란 노동력을 제공한 대가로 한 사람의 능력과 시간을 온전하게 바친 소중한 것이다. 무슨 '의원나리들'을 어떤 식으로 평가해서 어떻게 차등으로 지급하냐'라는 생각은 급여를 지급하는 주인(세비는 세금으로 지급하는 것이므로 의원들의 급여는 국민들이 지급하는 셈이다)의 자세가 아니다. 내 사업을 한다면 직원들이 얼마나 일을 제대로 하는지 꼼꼼히 점검도 하고 지불되는 급여가 적정한지도 따져볼 수밖에 없다. 본질적으로 국회의원은 국민의 대표가 아니고 국민을 대신해서 업무를 처리하는 대리인이라는 사고의 전환이 필요하다.

임기 도중 출마 제한과
국회의원의 임기 제한

우리나라는 희한하게도 지방자치단체장이 임기 도중에 직을 사임하고 대통령 선거 등 다른 선거에 출마할 수 있도록 허용하고 있다. 더 이상한 것은 지방의회나 국회의원 등은 그 직을 유지한 채 출마가 가능하도록 하고 있다는 점이다.

국민이 선출한 대의자들은 엄연히 자신의 공적 사명과 업무가 있다. 대의자의 선출 과정에는 많은 비용도 들어간다. 선출된 대의자들은 임기 동안 정해진 사명에 충실해야 한다. 그런데 대통령 선거 때만 되면 주요 광역자치단체장은 당연히 대통령 예비후보로 거론된다. 박근혜 대통령의 탄핵으로 인한 19대 대선에도 안희정 충남지사, 비록 중도에 포기하였지만 박원순 서울시장 등이 유력한 후보 중 하나였다. 여권에서는 홍준표 경남지사도 거론되었다. 충청남도 지사나 서울시장, 경상남도는 그 책임자가 중간에 바뀌어도 큰 문제가 없는 곳인가? 이들을 뽑기 위해 얼마나 많은 국민의 돈이 들어갔고, 국민들의 시간이 투입되었는가? 최소한 국민 앞에서 자신들이 충청남도를 위해서, 서울시를 위해서, 경상남도를 위해서 무슨무슨 일을 하겠다고 했으면 그 일을 마치는 것이 도리이다. 각 개인의 인간적 도리를 떠나 공직자가 중간에 그 일을 내팽겨치고 다른 공직에 도전할 수 있도록 허용하는 법이 문제이다.

자치단체장 등과 같은 행정 분야도 마찬가지이지만 의회도 마찬가지이다. 지방의회든 국회의원이든 한 번 선출되었으면 그 임기동안은 도중에 다른 공직에 출마하거나 임명되도록 해서는 안 된다. 대통령 선거에 출마하려면 처음부터 국회의원이 되지 말았어야 한다. 국회의원이 되었으면 국회의원으로서의 본분에 충실해야 한다. 당연히 국회의원이 또 다른 임명직 공직(예컨대 장관)을 겸직하는 것도 금지되어야 한다.

회사라면 이런 일들이 가능하겠는가? 우리 회사 물건 파는 영업하라고 뽑은 사람이 다른 경쟁회사에 취직하려고 구직활동 하는 것을 용인하는 꼴이나 뭐가 다른지 잘 모르겠다.

국회의원의 임기도 제한하여야 한다. 대통령이나 지자체장 등의 선출직이나 다수의 임명직에는 임기 제한이 있는데, 왜 국회의원의 임기는 제한하지 않을까?

2가지 정도의 이유가 있을 것이다. 첫 번째는 국회의원은 어떤 전문성을 가지고 일을 하는 사람들이 아닌 국민의 대표자라는 인식이다. 두 번째는 국회의원들이 입법의 권리자이기 때문에 스스로 자신의 권리를 제약할 이유가 없기 때문이기도 하다.

두 번째는 논외로 하고 첫 번째 부분만 살펴보자.

20대 국회의원 당선자의 직업을 살펴보면 지역구 의원의 경우 정수 243명 중에서 국회의원이 88명이고 정치인이 81명이다. 정치인은 초선인 경우도 있고, 지난 번 선거 때 낙선하였던 과거의 국회의원들도 있다. 변호사 출신이 28명이고, 교육자(교수)가 18명이다. 비례 역시 정치인이 21명이고 변호사 3명, 교육자 10명이다.

한번 국회의원은 영원한 국회의원으로 착각하는 사람들도 많다. 국민들의 선택을 받지 못해 떨어져도 재도전을 당연시 하고 주위에서도 격려한다.

이러다보니 국회의원 당선자들이 죽기 살기로 재선에 매달리게 된다.

우리가 어떤 일에서 임기를 제한하는 것은 그 임기를 계속했을 때 생기는 폐단을 우려해서이기도 하고, 또 개인이 가지고 있는 열정의 한계가 있어서 임기를 계속했을 때 맡겨진 임무를 제대로 못할 수 있는 우려도 있기 때문이다. 국회의원도 마찬가지인 것이다.

국민세금으로 국회의원이라는 직업을 유지하기 위해 국회가 있는 것은 아닐 것이다. 임기 동안 충실하게 국민의 뜻을 대변해서 열심히 일하라는 것이고, 그렇다면 다른 선출직 공무원들처럼 임기를 제한하는 것이 맞다. 그래야 해당 기간 동안 일에 열심히 하기도 하고, 또 새로운 사람들로 다시 채워져 항상 국회가 새롭게 변화할 수 있는 법이다. 뭐든지 오래 두면 타성에 젖게 마련이다.

3선, 4선 의원치고 민주주의에 충실한 국회의원을 별로 못 보았고, 초심의 마음으로 열심히 국민을 대변해서 일하는 사람도 못 보았다. 오히려 오래된 의원일수록 당을 쥐락펴락하고 지역구에서 제왕처럼 군림하는 것이 현실이다.

현재 제도처럼 국회의원의 임기제한을 두지 않고 오히려 선수가 높을수록 우대하기 때문에 발생하는 여러 불합리한 일들이 있다.

첫 번째로는 재선, 3선, 4선을 위해 국회의원들이 국민의 눈치를 보고 자신을 뽑아준 유권자를 대변하기보다는 공천권자의 눈치를 보고 공천권자의 지시에 따르게 된다. 박근혜 대통령 탄핵이 왜 오게 되었는지 생각해보자. 20대 총선 때 새누리당은 극심한 공천 내홍을 겪었다. 대통령의 직접 지시로 친박계를 대거 공천하였다. 그 과정에서 새누리당은 사분오열되었다. 새누리당 사람들은 그가 누구였든지 공천권에 영향을 미치는 대통령을 적극 견제하려는 노력을 피하였다. 최순실이 그토록 오만팔방에 걸쳐서 국정을 농단하고 있는데, 집권당 의원들 중에 아는 사람이 없었을까? 정윤회 문건 사태 당시 청와대의 과민반응은 또 어떠했는가? 아마 친박계 의원들 다수는 이미 알고 있었을 것이다. 그럼에도 대부분 침묵을 지켰다. 왜? 자신의 공천에 영향을 미칠 대통령에게 밉보이고 싶지 않아서였다.

두 번째로는 빠르게 변화하는 시대에 부응하는 국회를 만들 수가 없게 된다. 우리 시대는 매우 빠르게 변화한다. 국회는 사회의 일부가 아니고 사회를 반영하고 사회의 문제를 해결하는 사회 위에 떠있는 위치이다. 그런데 의원이 일종의 직업이 되어서 10년, 20년, 30년 의회 혹은 의회 주변에 있게 되면 그런 사람들이 의회 외에 사회의 다른 부분을 알기가 어렵게 된다. 게다가 국회의원의 구조상 이런 다선의원들이 계파수장이니 당 대표니 원내총무니 등의 요직을 점하게 된다. 초선 의원들조차 패기 있게 들어왔다가 다선 의원들에게 눌리게 된다. 국회가 사회를 반영하는 기관이 아니고, 그냥 하나의 이해집단처럼 바뀐다.

국회의원 임기도 2선 정도 혹은 단체장처럼 3선 정도로 제한하는 것이 좋다.

개인을 위한 보좌관?
국민을 위한 보좌관으로 바꾸자

19대 국회에서 민주당 서영교 의원이 딸을 인턴으로 채용하고 동생을 비서관으로 채용하였다고 하여 크게 지탄을 받은 적이 있었다. 서영교 의원은 대학생 시절 학생운동을 했던 이른바 운동권 출신의 국회의원이기 때문에 더욱 지지층과 국민들로부터 심하게 비난받았다. 당시 여당이었던 새누리당에서도 강하게 서영교 의원을 비난하였는데, 다음 날 자기 당 소속의 의원들 중에도 다수가 친인척 채용이 있었다는 사실이 드러나는 추태를 보인 적도 있었다.

서영교 의원의 문제가 불거지면서 국회의원 보좌직원 중에서 30여 명, 인턴직원 중에서 14명 정도가 국회를 떠나는 일이 발생하였다.

이 사건 이후 19대 국회에서는 여야 할 것 없이 모두 국회의원 특권을 내려놓겠다고 주장하였다. 새누리당 윤상현 의원과 국민의 당 김광수 의원은 각각 친인척 보좌직원 채용 금지를 골자로 한 국회의

원수당 등에 대한 법률 일부 개정안을 각각 대표 발의하였다.

그러나 현재와 같은 제도 속에서 친인척이라도 실제 능력과 업무를 보고 있다면 국회의원 보좌직원으로 채용하는 것은 그렇게 중요한 문제는 아니고 큰 잘못도 아니다. 그보다는 더 본질적인 부분에 국회의원 보좌직원 제도의 문제가 있다.

대한민국 국회의원들은 국회의원수당 등에 관한 법률 제9조 보좌직원(① 국회의원의 입법활동을 지원하기 위하여 보좌관 등 보좌직원들 둔다. ② 보좌직원에 대하여는 별표 4에서 정한 정원의 범위에서 보수를 지급한다) 조항에 근거하여 보좌관(4급 상당) 2명, 비서관(5급 상당) 2명, 비서(6급, 7급, 9급) 3명 등 총 7명의 보좌직원에 인턴비서 2명까지 총 9명과 기타 활동비를 지급받는 입법보조원까지 총 10명까지 가능하다. 1개 의원실 보좌직원 보수 총액은 인턴까지 포함하여 연간 약 4억4,574만 원이다. 보좌직원의 채용과 관련 특정 조건이나 절차는 규정된 것이 없어서 보좌직원의 채용은 전적으로 국회의원 개인의 판단에 의해 이뤄진다.

여기에 더해 의원들은 법적으로 공식 후원회를 운영할 수 있는데 국회의원 후원회의 회계책임자를 선관위에 신고하면 2명까지 후원회 직원으로 둘 수 있다. 물론 후원회 직원의 급여는 국고에서 지급되는 것이 아니고 후원회비에서 지급된다. 그러나 우리나라 정치후원금에 대한 다양한 세제 혜택을 고려하면 국회의원 후원금 역시 사실은 세금으로 나갈 돈이 대부분이라는 점을 고려하면 이 역시 의원에게 주어지는 혜택으로 볼 수 있다.

국회의원에게 보좌직원을 두기 시작한 것은 제3대(1954.5.20, 선출)부터였다. 당시는 의원 1인당 1명씩이었다. 1961년 2명, 1981년에는 운전원 포함 3명, 1988년에는 4명, 1989년 5명, 1998년 6명, 2010년 7명 등 이후 지속적으로 증가하였다.

국회의 보좌직원 숫자가 늘어나게 된 것은 당연히 입법권이 있는 국회의원들 자신이 그렇게 의결하였기 때문이다. 국회의원 개인에게 이렇게 9인이나 되는 보좌직원이 필요한 것일까?

선진국 국회는 어떻게 운영될까? 나라마다 사정이 다르겠지만 우리나라의 국회의원 세비가 선진 각국에 비해 2~3배 이상 높았던 것과 비슷하게 국회 보좌직원에 지불되는 보수 총액 역시 현저하게 높은 편이다. 전세계에서 우리나라보다 국회의원 보좌직원의 보수 총액이 높은 나라는 유일하게 미국이다. 미국은 2013년 기준으로 살펴보면 약 10억9,163만 원이다. 미국은 의원 1사람당 상근 보좌관만 18명까지 둘 수 있다. 영국은 약 2억5천만 원, 프랑스는 1억7천만 원, 독일은 2억8천만 원, 일본은 1억8천5백만 원 정도가 지급된다. 영국, 프랑스, 독일, 일본 모두 우리나라보다는 훨씬 잘 사는 나라들임에도 불구하고 우리나라에 비해 현저하게 적은 비용을 지급하는 것이 확인된다. 더욱이 일본이나 영국은 의원내각제로 우리나라 국회보다 훨씬 업무량이 많다. 일본은 의원 1인당 비서 2명과 정책입안 및 입법활동 보좌비서 1인 총 3인까지만 국비에서 지원된다. 우리나라 국회의원은 최대 10명이다. 과연 우리나라 국회의원들의 업무 생산성은 일본에 비해 3배 가량 높은 것일까?

우리나라 국회 운영과 관련한 국회법 제21조 국회사무처, 제22조 국회도서관, 제22조의 2 국회예산정책처, 제22조의 3 국회입법조사처에 대한 규정들이 있다. 이런 기관들은 모두 국회의원 개인들에게 소속된 보좌직원 외에 국회활동을 지원하기 위한 전문 기관들이다. 국회 사무처는 '국회의 입법·예산결산심사등의 활동을 지원하고 행정사무를 처리'하는 목적으로 두고 있고, 이 기관은 사무총장과 필요한 수만큼의 공무원으로 구성된다. 국회 사무처는 '국회의 입법 및 예산결산심사등의 활동을 지원함에 있어 의원 또는 위원회의 요구가 있는 경우 필요한 자료등'을 제공하도록 규정되어 있다.

국회도서관은 '국회의 도서 및 입법자료에 관한 업무를 처리하기 위하여' 만들어졌다. 도서관장과 필요한 공무원을 둘 수 있으며, '국회입법활동을 지원하기 위하여 도서 기타 도서관자료의 수집·정리·보존 및 도서관봉사' 업무를 담당한다.

국회예산정책처는 '국가의 예산결산·기금 및 재정운용과 관련된 사항에 관하여 연구분석·평가하고 의정활동을 지원'하는 목적으로 설립되어 있고, 처장 1인과 필요한 공무원을 둘 수 있다.

국회입법조사처는 '입법 및 정책과 관련된 사항을 조사·연구하고 관련 정보 및 자료를 제공하는 등 입법정보서비스와 관련된 의정활동을 지원'할 목적으로 설립되어 있고, 처장 1인과 필요한 공무원을 둘 수 있다.

이런 기관들과 의원실 소속의 개별 보좌직원의 업무는 중복될 수 있다.

이들 보좌관들은 어떤 역할들을 하는 것일까? 국회의원들의 주된 활동은 입법활동, 정부 예결산 심의, 국정감사 크게 3가지로 구분된다. 보좌관들은 이런 국회의원 활동을 지원하는 역할을 담당한다. 국회의원들은 대체로 하나의 상임위원회를 담당하고 있고, 한 상임위원회는 대체로 두 개의 부처와 그 산하기관들을 다룬다. 경험 있는 보좌관이라면 한 사람이 한 기관 정도를 맡을 수 있다. 필요한 자료들은 모두 국회의 입법조사처나 국회예산정책처를 활용할 수 있다. 여기에 실무행정회계 등을 담당할 직원까지 실제 업무 처리에는 3사람 정도면 충분하다고 볼 수 있다.

그런데 왜 의원실 당 10명까지 보좌직원이 필요한 것일까? 이는 전적으로 현직 의원들의 이해 때문이다. 의원들은 4년에 한 번씩 선거를 치러야 한다. 현재처럼 의원들에게 막대한 권한과 개인적 특권이 주어지는 상황에서 선거에서 떨어지면 하루아침에 백수로 전락한다. 그 때문에 지역구 관리가 필수적이 된다. 보좌직원 중 1~2명 이상은 국회의 의원회관실에서 근무하는 것이 아니고 자신의 지역구에서 근무한다. 게다가 더욱 심각한 문제는 선거철이 다가오면 거의 대부분의 국회의원 보좌직원들이 지역에 투입되어 선거 준비에 전념한다는 것이다.

국회의원 보좌직원이 지역구에서 재선을 위해 표밭관리를 하는 것이고, 이는 법률에 명시된 '입법활동을 지원하기 위한'이라는 보좌직원을 두는 목적에 어긋난다. 현역 의원들 모두 비슷한 입장이기 때문에 누구도 이에 대해서 적극적으로 문제 제기를 하지 않는다. 눈가리고 아웅하는 꼴인 것이다.

미국의 경우 국회의원 당 보좌관 수가 최대 22명이나 되지만, 지역구 관리를 위한 보좌관은 존재하지 않는다. 의원 개인의 입장에서 보자면 이해가 되기도 하지만, 국민의 입장에서 보자면 왜 현역의원들에게 국민의 세금으로 선거운동을 지원해야 하는지 이해가 되지 않는다. 게다가 이는 지역에서 경쟁하고자 하는 새로운 정치인들에게는 진입장벽으로 작용하여 공정해야 할 선거를 원천적으로 현직 의원에게 유리하게 만드는 기울어진 운동장을 만드는 꼴이다.

개인별 의원실에서 채용할 수 있는 국회의원 보좌직원은 최대 4명(인턴 1명 포함)을 넘을 이유가 없다. 의원실 당 4명 정도면 한 사람 정도가 일반 비서로 서무회계행정을 전담하고, 두세 사람 정도가 입법 등 의원 업무 보좌를 하게 하면 된다. 그리고 의원 본인도 실제 직접 업무를 수행하도록 해야 한다. 이렇게 하면 충분하고 좀 더 열심히 일하고 싶은 국회의원들이 있다면 아래에서 설명하는 국민보좌관 제도를 활용하면 된다.

각 의원에게 4명의 보좌직원을 충원하면 각 의원실별 6명(인턴 1명 포함)을 국민 보좌관으로 돌려 각 상임위별 전문성을 갖는 사람을 일정한 자격요건을 통해 공개 선발할 수 있다.

우리나라 국회 상임위는 19대 현재 국회운영위원회(국회 사무처, 대통령비서실 및 경호실, 국가인권위원회 등), 법제사법위원회(법무부, 검찰청, 사법부, 감사원 등), 정무위원회(국무총리실, 국무조정시르 공정거래위, 금융위원회 등), 기획재정위원회(기획재정부, 국세청, 관세청, 한국은행 등), 미래창조과학방송통신위원회(미래창조과학부, 방송통신위원회, 원자력안전위원회 등), 교육문화체육관광위원회(교육부, 문화체육관광부, 문화재청 등), 외교통일위원회(외교부, 통일부, 민주평화통일자문회의 등), 국방위원회(국방부, 병무청, 방위사업청, 군 등), 안전행정위원회(중앙선거관리위원회, 행정자치부, 경찰청, 국민안전처, 인사혁신처 등), 농림축산식품해양수산위원회(농림축산부, 해양수산부, 농촌진흥청, 산림청 등), 산업통산자원위원회(산업통상자원부, 중소기업청, 특허청, 주요 공기업 등), 보건복지위원회(보건복지부, 식품의약품안전처 등), 환경노동위원회(환경부, 고용노동부, 기상청 등), 국토교통위원회(국토교통부, 행정중심복합도시건설청, 새만금개발청, 인천국제공항공사, 한국토지주택공사 등), 정보위원회(국가정보원), 여성가족위원회(여성가족부, 한국양성평등교육진흥원, 한국여성인권진흥원 등)로 구성되어 있다. 이 외에 특별위원회로 예산을 담당하는 예산결산특별위원회(예산심의)와 국회의원 및 직원들의 윤리 관런 문제를 처리하는 윤리특별위원회 및 기타 특수 목적의 한시적 특별위원회들이 있다.

의원실 당 6명이면 우리나라 국회의원이 300명이니 총 1,800명의 전문 인력을 채용할 수 있다. 국민보좌관은 4년마다 한 번씩 공개채용하고 재임용이 가능하도록 한다. 국민보좌관은 의원들과는 독립적으로 운영된다. 국민보좌관들은 각 상임위별로 진행되는 예산 심사, 입법 내용 등을 조사 연구하고 전문성을 가지고 평가하여 연구보고서를 인터넷망 등을 이용하여 국민 누구나 손쉽게 열람할 수 있도록 돕는 역할을 한다. 또 국민들이 입법발의 등을 하고자 할 때 그 취지에 맞게 전문성을 가지고 보좌하는 역할도 담당한다.

이렇게 현재의 의원 당 10명의 보좌직원을 4명은 의원 개인들에게 나머지 6명은 상임위별 국민보좌관으로 나눠 운영하게 되면 여러 측면에서 민주주의의 발전에 도움을 줄 수 있다.

국민보좌관의 가장 큰 임무는 국민들 자신이 주체가 되어 직접 발의하는 입법 활동을 효율적으로 촉진시킬 수 있도록 돕는 일이다. 자연스럽게 국회의원 자신들의 입법 활동의 질도 높아질 수 있다. 지금은 법안 발의를 정부와 국회의원만 할 수 있게 되어 있다. 국민발의가 우리나라에서 도입되지 않고 있기 때문이다. 국민들이 직접 자신들에 필요한 입법활동을 할 수 있게 되면 자연스레 입법활동에 완전히 새로운 경쟁 시스템이 도입되게 되는 효과가 발생한다.

국민보좌관제도는 또한 국민들이 직간접적으로 행정 각 부처의 정책 및 활동 현황을 파악하고 필요한 행정적 조치를 청원하는 것을 돕는다. 국민이 주인이 되는 민주주의에서 행정 청원권 국민보좌관제도는 예산의 효율성, 투명성을 강화하는 데 결정적 도움을 줄 수 있다.

비례 국회의원
선출 방식

우리나라 국회의원은 지역구 국회의원과 비례대표국회의원을 합하여 300명을 정원으로 하도록 법률(공직선거법 제 21조)로 정해두었다. 국회의원 지역구는 임기만료 18개월 전에 국회의원선거구확정위원회를 중앙선거관리위원회에 설치하여 임기만료 13개월 전까지 선거구확정안을 국회의장에게 제출하여 정하도록 되어 있다(공직선거법 제24조). 즉 총 300명 중에서 먼저 지역구 숫자가 확정되고 남은 숫자가 비례대표 국회의원인 셈이다.

가장 최근인 20대 국회의원 선거에서는 비례대표 국회의원은 총 57명이 선출되었다. 한나라당이 17명, 더불어민주당과 국민의당이 각각 13명, 정의당이 4명이었다.

비례대표제는 19세기 후반 벨기에의 빅토르 동트가 고안한 것으로 알려져 있다. 1900년 벨기에에서 정당명부제 비례대표 방식으로 최초 시행되었다. 현재는 많은 나라에 비례대표제가 도입되어 있고, 유럽연합은 유럽의회 전원을 비례대표 방식으로 선출한다.

비례대표가 도입된 목적은 민주주의 국가에서 정당제도가 정착되고 국회의원들이 정당별 공천을 거쳐 선출되는 방식이 일반화된 후, 선거구의 문제로 정당에 대한 지지율과 실제 선출된 의원수의 비율이 일치하지 않는 문제를 해결하기 위해서였다.

우리나라는 2004년 총선 때 비례대표제가 도입되었고, 이때는 지역구 선거로 뽑힌 정당별 의석수 비율대로 비례대표 의석을 나누는 방식이었다. 즉 가당, 나당, 다당의 세 당이 각각 지역구에서 100석 60석 40석을 얻었다고 가정하면, 비례대표는 전체 숫자에서 가당 50%, 나당 30% 다당 20%의 비율로 나누는 방식이다. 이런 방식이 아무래도 의석 다수당에 과대 반영되는 문제점이 있어서 해산된 통합진보당의 전신인 민주노동당에서 헌법재판소에 위헌 소송을 제기하였고, 이 위헌 소송이 받아들여져 현재는 한 투표용지에서 지역구 후보를 선출하는 것과 정당 지지를 표시하는 것의 2가지로 나눠서 진행하고 있다. 20대 총선의 경우 야당이 민주당과 국민의당으로 나눠졌고, 민주당이 수도권을 포함하여 지역구에서 다수 의석을 획득하였음에도 비례대표에서는 국민의당과 동일한 13석을 가져간 것이 바로 이렇게 지역구 후보와 정당지지를 별개로 하는 투표 방식 때문이었다.

현재는 이 방식에서 한 걸음 더 나아가 정당지지율을 기반으로 해서 지역구 의석 수와 비례대표 의석 수를 연동하는 독일식 정당명부제가 논의되고 있다. 이상적인 독일식 정당명부제는 다음과 같다.

먼저 지역구 국회의원과 비례대표 국회의원 수는 동일하게 일치시킨다.

유권자의 투표는 현재와 같이 지역구 국회의원에게 투표하는 것과 정당에 투표하는 2가지를 동시에 한다.

각 정당의 최종 의석 수는 정당 지지율과 일치시킨다.

즉 가당, 나당, 다당, 라당, 마당의 5개 정당이 있다고 생각해보자. 전체 의석 수는 지역구 200석, 비례대표 200석, 총 400석이라고 가정해보자. 만일 가당이 전체 지역구 의석 수 중 120석을 얻었고, 정당 지지율은 50%를 획득하였다면 가당의 전체 의석 수는 총 국회의원 정수 400명의 50%로 정해진다. 이미 지역구 120석이 있으니 가당은 비례대표에서 80석을 추가로 가져가게 된다. 반대로 마당은 지역구 의석은 5석을 얻었고, 정당 지지율은 10%였다면, 마당은 전체 의석 수의 10%인 40명의 의석을 확보할 수 있고, 이 경우 지역구에서 5석이었으니 비례의석 중 35명을 가져갈 수 있게 된다.

대체로 독일식 정당명부제는 최소 의석 및 정당 지지율 조항을 두어서 지역구에서 예컨대 3석 이상과 지지율 5% 이상을 얻는 정당에만 의석 배분을 하는 것과 같은 배제조항을 두기도 한다.

독일식 정당명부제는 국민들의 정치적 성향이 의석 수에 그대로 반영된다는 점에서 현재의 제도보다는 국민들의 의사가 더 효율적으로 반영된다는 장점이 있다.

통제받지 않는
권한

국민주권은 국민들 스스로와 국민에 의해 선출된 대리인들에 의해 행사된다. 지금까지 나는 국민이 선출한 대리인들의 권력 통제에 대해 여러 가지 주장을 폈다. 그런데 국민들 스스로의 권력은 통제받지 않아도 되는 것일까? 국민주권을 확대하고 키워야 하는 상황에서 국민에게 무슨 권력이 있다고 통제해야 하는지 의문이 있을 수 있다.

그러나 선출되지 않았음에도 국민 평균에 비해 현저하게 많은 권력을 행사하고 있으면서도 통제받지 않는 권력들이 분명 존재한다.

제4의 권력이라고 불리는 언론이 대표적이다. 또, 고노무현 대통령이 주장했던 "권력은 시장으로 넘어갔다"라고 표현할 때의 시장, 좀 더 구체적으로는 시장에서 지배적 지위를 누리는 대기업집단도 우리 사회에서 매우 강력한 권력을 가지고 있다. 공무원과 공공기관의 종사자들도 직위에 따라 달라지겠지만 실제 현장에서 국민생활과 관련하여 다양한 권한 행사가 가능하고, 그 권한을 배경으로 이권에 개입하고 부당한 이득을 취득하기도 한다. 사법부의 검사는 말할 것도 없고, 판사도 유전무죄 무전유죄와 같은 말이나 전관예우라는 말들이 있듯이 국민들 위에 군림한다.

사회가 좀 더 따뜻해지고 사람들이 좀 더 행복해지려면 이런 다양한 유형의 권한을 행사하는 집단이나 개인들이 자신의 권한이 사회 공동체 전체를 위해 사용하도록 위임되어 있다는 소명의식을 갖는 것이 우선적으로 필요하다. 그러나 현실은 각 개인이나 집단 스스로가 그런 소명의식과 따뜻함을 알아서 갖추라고 하기에는 너무나 팍팍하다.

다양한 방법들이 있을 수 있다. 예를 들면 고위공직자들에 대한 감찰과 비리를 전담하는 고위공직자비리수사처를 독립적으로 운영한다든지, 현재 언론중재위를 좀 더 권한을 강화하고 그 책임자를 국민들 손으로 직접 뽑아서 언론의 부당한 권력행사나 이권 개입을 방지한다든지 하는 등의 방법이 있을 수 있다. 대기업의 불공정거래나 부당경쟁을 막기 위해서 현재 공정거래위원회가 중립적 기관으로 존재하는데 공쟁거래위원회을 헌법기관으로 격상시키고 공정거래위원장을 국민의 손으로 뽑는 방법도 있을 수 있다.

시대가 하루아침에 달라질 수는 없지만, 또 하나가 바뀌면 나머지가 자연스럽게 바뀌기도 한다. 국민이 정치에 관심을 갖고, 국민이 정치에 참여할 수 있도록 제도가 만들어지면 사회의 많은 부분들이 바뀌게 된다. 국민주권이라는 민주주의의 근본원리에 입각하여 하나씩 둘씩 국민이 직접 행사할 수 있는 참정권을 확보하여 가고, 언론출판집회결사의 자유라는 민주주의의 원칙 앞에서 물러서지 않고 사소한 침해라도 함께 맞서 싸워야 한다. 그리고 권력자는 좋은 사람 나쁜 사람이 있는 것이 아니라는 것, 권력자의 선의를 믿는 것이 아니고 내 손으로 뽑고 내 눈 앞에서 감시할 수 있는 제도를 만드는 것을 실천하다보면 어느새 대한민국은 세계 그 어느 곳에서도 볼 수 없는 새로운 민주주의, 21세기의 새 공화국으로 바뀌어 있음을 확인하는 날이 올 것으로 확신한다.

대한민국, 누구를 위한 민주주의인가?

지은이 진병춘
1쇄 인쇄 2017년 4월 1일
1쇄 발행 2017년 4월 15일

펴낸곳 트러스트북스
펴낸이 박현
기획총괄 윤장래

등록번호 제2014-000225호
등록일자 2013년 12월 03일

주소 서울시 마포구 서교동 성미산로 2길 33 성광빌딩 202호
전화 (02) 322-3409
팩스 (02) 6933-6505
이메일 trustbooks@naver.com

값 15,000원
ISBN 979-11-87993-05-6 03330